经济管理学术文库·管理类

广西木薯产业发展战略研究

Research on the Development Strategy of
Cassava Industry in Guangxi

李维胜　陆 军／著

经济管理出版社
ECONOMY & MANAGEMENT PUBLISHING HOUSE

图书在版编目（CIP）数据

广西木薯产业发展战略研究/李维胜，陆军著 . —北京：经济管理出版社，2017.3
ISBN 978 - 7 - 5096 - 4842 - 1

Ⅰ.①广…　Ⅱ.①李…②陆…　Ⅲ.①木薯—农业产业—产业发展—发展战略—研究—广西　Ⅳ.①F326.11

中国版本图书馆 CIP 数据核字 (2016) 第 314482 号

组稿编辑：曹　靖
责任编辑：张巧梅
责任印制：司东翔
责任校对：王纪慧

出版发行：经济管理出版社
　　　　　（北京市海淀区北蜂窝 8 号中雅大厦 A 座 11 层　100038）
网　　址：www. E - mp. com. cn
电　　话：(010) 51915602
印　　刷：北京玺诚印务有限公司
经　　销：新华书店
开　　本：720mm×1000mm/16
印　　张：13. 25
字　　数：215 千字
版　　次：2017 年 6 月第 1 版　　2017 年 6 月第 1 次印刷
书　　号：ISBN 978 - 7 - 5096 - 4842 - 1
定　　价：68. 00 元

前　言

　　广西地处中国西南边境，毗邻越南、老挝等东南亚国家，是中国面向东盟国家的重要阵地，同时也是西部重要的农业大省。广西特色农业较多，但由于气候、地理、地质等原因与邻国农业具有一定相似性。中国—东盟自由贸易区为中国打开了一道通往东南亚领域的贸易之门，同时也承受着自由贸易政策对本国经济的影响。另外，从劳动力成本、土地成本、自然资源禀赋方面来看，中国亚热带、热带农业产业发展不可避免地面临着东南亚国家的冲击，但从区域经济分配优化的角度上来看，广西将会从其他产业链上获得优势，从而实现彼此双赢。

　　广西木薯产业研究并非笔者先例，在本书出版之前，广西、海南、广东等地的专家学者都曾对广西木薯产业进行过相应的研究。综观各种观点，广西木薯产业发展与否很关键，它将会影响广西区域的农业以及相关工业的定位和发展，也将成为我国稳定农业对外贸易地位的关键产业，对广西木薯产业研究是具有战略价值的。笔者在撰写本书之时，国内政策和规划方面正面临着一个新的主题，那就是供给侧改革。

　　2015 年底起，中共中央总书记、国家主席、中央军委主席、中央财经领导小组组长习近平连续召集中央财经领导小组研究中国目前经济结构性改革、供给侧结构性改革的问题。而供给侧结构性改革的重点可以集中在劳动力、土地、资本、技术、制度和配套方面，针对农业方面，以及长期发展以来面临的种种问题进行了深入的研究。2017 年，中央经济工作会议、中央农村工作会议和《中共中央国务院关于深入推进农业供给侧结构性改革　加快培育农业农村发展新动能的若干意见》（中发〔2017〕1 号，以下简称《意见》）正式成文发布，开始进入实施阶段。《意见》针对目前供给过剩问题、产业结构失衡方面都提出相应的对策，文中指出的"减玉米"、大力发展农产品加工业、农村承包地"三权分置"等多方面的政策措施都将对中国农业产生重大的主导性意义。广西的产业发展将何去何从，是在新形势下需要重新研究的问题。广西木薯产量和木薯淀粉加工份额一直都占据全国半壁江山，研究广西木薯产业的发展对中国木薯产业发展具有重要的意义。基于上述原因，笔者根据前期已有的研究成果，加之近几年来新形势的变化而撰写了本著作。

本书旨在给正在身处木薯产业相关的企业家、地方政府官员、农业生产经营者和研究木薯产业的学者提供一定的参考，由于所要兼顾的读者类型比较多，整部著作坚持以理论为基础，结合相应数据，尽可能化繁为简地从木薯产业所面临的方方面面进行分析研究。木薯产业其实涉及种植业、初级轻工业品、深加工品，产业分布、产业周期和产业结构均有所不同，在第二产业方面涉及不少类型的企业。因此，为了研究清楚广西木薯产业，本书借鉴了产业经济学、企业成长理论、战略研究理论等多方面的理论基础，对广西木薯产业进行阐述。第一章至第四章内容，读者可以对广西木薯产业面对的政策变动、资源状况、产业发展状况、供需情况进行相应的对比和预测；第五章至第八章的内容结合国际形势对世界木薯产业及其与广西木薯产业之间的相互影响和对比做了阐述；第九章和第十章内容基于前几章的概述，对目前广西木薯产业发展战略做了建议性规划。

当然，由于笔者知识和水平有限，难免会出现不妥之处，恳请各位读者批评指正。

李维胜

2017 年 6 月

目　　录

第一章 广西木薯产业发展的新形势

——农业供给侧结构性改革

第一节 木薯概况

一、木薯种质特征及地理分布

木薯，别名树薯、木番薯、南洋薯，大戟科木薯属植物，主要分布于热带地区，原产于南美洲，一开始主要是被作为粮食作物在热带、亚热带地区种植，栽培历史在拉丁美洲可追溯到 6000 多年前，现已在全球热带、亚热带地区广泛种植。木薯是灌木状多年生喜阳作物，适应性强，耐旱耐贫瘠，在年平均温度 8℃以上、无霜期 8 个月以上的地区均可种植；海拔 2000 米以下、降雨量 600~6000 毫米、土壤 pH 3.8~8.0 的热带、亚热带地区均能生长；最适宜生长环境为阳光充足、日平均温度差 6~7℃、年平均温度约为 27℃、pH 为 6.0~7.5、年降雨量为 1000~2000 毫米，且分布均匀、土壤肥厚且透气易排水。木薯有长圆柱形块根，含有丰富的淀粉，在贫困地方常常作为主要的粮食作物，与马铃薯、红薯并列为世界三大薯类作物，人们称之为"地下粮仓"、"淀粉之王"及"能源作物"。

经过几千年的传播，木薯现已广泛分布在非洲、亚洲、南美洲等热带亚热带地区的发展中国家，主产国有尼日利亚、安哥拉、刚果（金）、巴西、印度尼西亚、泰国、莫桑比克、加纳、坦桑尼亚等。我国木薯最早在19世纪20年代引入广东高州一带种植，接着海南岛也引入栽培，目前已在华南区域大面积栽培，广东、广西、福建、四川、海南、江西、云南、贵州是主要栽培的省份，其中广西是全国种植面积最大产量最大的省份，木薯在台湾也有栽培。在广西，木薯种植最多的地级市主要是南宁、贵港、梧州、钦州、玉林、河池、北海、百色等地级市。其中"华南205"、"南植199"、"新选048"、"华南5号"作为主栽品种种植最多。

二、木薯的主栽品种

木薯属有100多个种，而仅有木薯可用于经济栽培，其余都是野生品种，有甜、苦两种类型。木薯有39个原始品种，全球种植的木薯栽培品种是通过对原生品种的挖掘和基因工程改良而得。罗勇1号在20世纪80年代的泰国种植品种中占了绝对优势，基本全是种植这个品种，3号、5号、50号和Daertrast50随后得到推广种植，单产提高8.6t/hm^2，出粉率增加1.7%，得到较好的效益。近年来，罗勇系列、KU50、惠风60等在泰国成为主栽品种；SM1562－9在马来西亚作为主栽培品种被广泛种植，单产达36.8t/hm^2；H－165、H－206等在印度栽培广泛，成为印度主要栽培品种，单产可达33～38t/hm^2；BAR900在巴西最受欢迎并成为该国木薯主栽品种；Querepa、Morada、Caribe等在委内瑞拉种植得到大量推广，是该国主要木薯栽培品种。

此外，从国外引种栽培是我国获得木薯栽培品种的主要方式，少数栽培品种通过国内选育而得。近年来，华南124、华南5号、华南6号、华南7号、华南8号等作为国内选育成功的品种种植推广较多，这些都是由中国热带农业科学院选育成功的；此外，由GR891、GR911、OMR36－31－1、CMR36－34－1、SM1600SM1741、KU5这些由广西亚热带作物研究所选育成功的品种也被较好地推广种植。广西大学培育的新选048，华南热带植物研究所选育的南植188、南植199等也成为国内选育的主栽品种。而广西也先后培育出GR891、GR911，桂热3号、桂热4号、桂热5号、桂热6号、桂热7号等木薯优良新品种，并在华南的亚热带地区和东盟国家推广应用。

在广西木薯实际生产中，种植面积最大的品种是华南205，占广西木薯种植面积的80%以上。南阳紫皮、南阳青皮、印尼大叶、印尼小叶等是广西历史品种，质地普遍较差，少量种植偏远山区。近十年的育种研究，我国已经育出诸如GR891、华南5号、南植199等优质品种，部分种类鲜薯平均亩产可达2~3吨，相对于历史品种产量提高了30%~80%，含淀粉量在鲜木薯中提高2%，可达30%。当前，广西木薯主栽较新品种有GR911、GR891、南植199、华南5号、华南124、华南205、华南201、泰国KV50。广西种植面积广泛的主要品种是华南201、华南205；但各市县又有区别，南宁武鸣区种植面积广泛的品种是华南205、南植188；百色大力推广栽培华南201、GR911、南植199；北海则推广种植华南205、华南8号等。此外，部分新品种在试验培育中有少范围种植。

三、木薯的主要用途

木薯用途很广，既是人类重要的食物来源之一，也是动物饲料、乙醇、新能源等工业的重要原料，经济价值较高。其用途主要有以下三方面：

一是木薯可作为食品食用，是食品产业的重要原料。据考古发现，4000多年前人类已经食用木薯，且还是玛雅人的主食之一（张箭，2011）。目前，世界约有8亿人以木薯为主粮，平均每7人就有1人以木薯为生（张箭，2011）。在非洲，约有6亿人以木薯为主要粮食（李宁辉等，2010），此外，亚洲一些国家如泰国、老挝、缅甸等也食用木薯（盘欢，2009）。木薯含有氢氰酸，有一定毒性，尤其是块根，其皮层部分毒素含量较高，因此，需经"剥皮"、"加热"两道工序方可食用（张箭，2011）。

二是木薯可用于牲畜饲料加工，是畜牧饲料业需求量很大的原料。中国约30%的木薯用作饲料（李宁辉等，2010），木薯的块根含有丰富的淀粉，蛋白质和维生素在嫩茎叶中含量丰富。木薯的嫩枝叶与优质的牧草相比也毫不逊色。据估算，其茎叶混合物含蛋白质17.2%，远远超过了许多热带同科属作物的蛋白质含量，同时，由于其茎叶纤维素含量较低（23.5%），易于牲畜消化吸收（罗兴录，2004），故木薯茎叶、块根及块根加工后留下的渣滓，均可作为动物饲料。在生产实践活动中，如果收获鲜薯后对木薯的嫩枝叶进行收集利用，其产量可达块根重量的10%~20%；同时，木薯在我国生产过程中病虫害较少，农药使用也较少。因此，可以木薯块根为主，配以木薯嫩枝叶和相关添加剂，饲养鸡鸭等肉禽类，生产优质肉、蛋等食品。

三是木薯块根可深加工，是能源化工等产业的重要原料。木薯块根干物质含量为35%~40%，其中75%~80%为淀粉，淀粉含量较高，是木薯价值最大的部分。与其他淀粉比较，木薯淀粉具有杂质含量低、黏度高、蛋白质含量低、渗透性强、成膜性好、生产成本低等优势（罗兴录，2004）。以木薯为原料制成的燃料乙醇，被称为环保型的绿色汽油，是经济可行的生物质能源，同时，与其他谷物相比，木薯制燃料酒精的转化率最高，木薯制酒精成本较低、产出高，具有明显的优势（张丽丽，2014）。木薯除能加工成木薯淀粉、木薯酒精以外，还可以加工成变性淀粉、山梨醇、山梨酸、可降解膜、淀粉糖等2000多种产品（罗兴录，2004；李宁辉等，2010）。在中国，用于加工淀粉和酒精的木薯约占总量的70%（李宁辉等，2010）。木薯成为众多现代工业的原料，现已广泛应用于食品、饲料、造纸、医药、化工、军事、制酒、轻工、能源等行业，有较高的经济效益，也有非常大的市场空间。

用于食物和饲料是木薯被人类利用的最原始功能，由于木薯块根富含淀粉，使其在现代作为良好原材料用于加工淀粉和酒精，进一步深加工，可生产变性淀粉、淀粉糖、山梨醇等，随着木薯淀粉、酒精、变性淀粉等企业的不断发展壮大，木薯在国际市场中的需求量不断增长。据预测，到2020年，世界木薯需求量将增加到2.7亿吨是目前1.7亿吨的1.6倍。由此可见，木薯产业具有非常广阔的前景。

第二节　农业供给侧结构性改革

一、我国农业面临的突出问题

（一）供求结构错位

近几年来，随着我国经济发展进入新常态，居民消费结构也发生变化，我国农业产业发展的主要矛盾由总量供应不足转向供求结构不符矛盾，社会对农业消费需求结构由单独的农产品总量供应转变对农产品品质要求以及饲料、生物能源等要求的满足。因我国农业生产品种结构存在供求矛盾，国外粮食价格比国内粮食价格低，出现粮食产量增加、粮食库存增加和粮食进口量增加的现象。供给结构与需求结构不平衡侧重体现了阶段性、结构性供不应求与供过于求共存的局面。

在大宗农产品方面，突出的是大豆缺、玉米多。从粮食需求总量角度，我国粮食缺口大约在 500 亿斤，需从国外进口补充。然而由于社会经济水平提高，需求大豆数量增长迅速，2015 年统计数据显示，我国进口大豆重量 1640 亿斤，占当年粮食进口总量的 65.72%，占我国大豆年需求量的 86.32%，大豆自给率低于 15%。然而因玉米替代性高，玉米有 15% 用于食用，其余皆用于饲料或者工业原料。在优质饲草料作物发展滞后和国内外价差的影响下，2015 年除了进口大豆外，我国还进口其他谷物调剂品种（诸如大麦、高粱、酒糟蛋白饲料、木薯等玉米替代物）800～900 斤，大米、小麦总计进口量小于 130 亿斤。因此，当前农产品玉米出现库存积压、价格走低，而玉米替代品进口量却年年递增，玉米无法库存和很难销售侧重反映了我国当前农业供给和需求不平衡的矛盾。

在农产品品质结构方面，缺乏优质高端的品牌。由于居民对农产品消费需求由追求温饱型演变成安全、优质、健康型。因此，社会居民对高品质农产品需求数量增长迅速，高端品质小麦、大米、杂粮等产品存在供应满足不了需求现象，其不仅容易销售，而且价高。

（二）生产成本过高

我国农业生产不仅面临着供求结构错位矛盾，也面临着生产成本增加、产品价格增长有限等问题。

因我国人均可用耕地占有量少等资源限制，农业生产技术无突破性进展，农业生产经营水平不高，土地、劳动力、资金等农业生产要素价格过快增长，致使我国出现过高农产品的生产现象。由于我国油棉粮等农产品生产成本连续增长不低于 10%，使得"十二五"时期我国农业生产出现无低成本优势，主要大宗农产品生产成本高于相当部分国际主产国。例如，2014 年，与美国相比，我国每生产 1 吨的大米、棉花、小麦、大豆、玉米成本分别高出 39%、35.6%、

14.8%、103.3%、112%。我国农业生产成本过快增长，已经严重削弱农业生产基础竞争能力。

为了缓解农产品生产成本持续增长压力，自 2008 年以来，我国政府采取连续每年提高粮食临时收购储备价和最低收购价。由于我国五大粮食农产品均价高出国外市场 30%～50%，这严重削弱了我国粮食农产品国际竞争力。因此，我国农业生产出现粮食产量和进口粮食共同增长。

（三）要素配置失衡，资源透支利用

我国农业还面临着生产农业耕地质量不断下降、耕地数量不断减少，农业资源过度透支使用，部分地区生态系统环境负重压力大，急需要休养生息。我国耕地过度放牧和开垦、地下水资源过度使用、土壤流失严重、重金属污染加重、化肥农药利用率低，农残率不高，受污染江河湖泊全国达 70%，导致可耕地面积逐渐减少，生态环境严重破坏。

二、我国农业供给侧改革的提出

我国人口压力巨大、土地资源稀缺，所以我国实行的是增产导向的政策体系。在这套体系下，我国用不到世界 1/10 的耕地面积生产了世界 1/4 的粮食，养活了占世界近 1/5 的人口，取得了粮食产量"十二连增"的伟大成就。然而，在确保"十二连增"的背后也导致很多结构性问题的产生，消费升级的叠加引发的需求侧改革也导致农业供给侧改革的需求越发迫切，这意味着将来的农业政策导向必须由"保量"转变为"增质"，耗费更大力气去解决农业发展中存在的结构性问题。

目前，"粮食库存爆满，新粮难进，老粮出不去；国产粮进仓库，进口粮进市场"是中国农业的真实写照，其中最为突出的两个矛盾：一是"产量高、库存量高、进口量高"的三高问题。粮食生产不足不再是我国农业面临的最大问题，而是 2004～2008 年形成的农业市场扭曲。为了保障农民收入、激励农民增产，政府用较高的价格收购当年的新粮，而农民也更喜欢种植政府高价收储的品种，致使这些品种的粮食年年增产，如在黑龙江玉米种植面积 2009 年仅有 7000 万亩，到 2014 年增加了 3000 多亩，2014 年大豆减少了 3000 多万亩；对下游加工厂来说，新粮大多被高价收入仓库中，而出库的粮食由于顺价销售，进口粮价远低于被高价收购储存而顺价销售出库的国内新粮，所以加工厂更倾向于购买进口粮或其替代品，如玉米进口受限可用高粱、大麦、玉米酒糟、木薯等替代，这就导致粮食进口量不断增加，我国粮食安全遭到威胁。最终，由于每年新粮持续不断地流入仓库，出库销售却受阻，导致库存量居高不下，粮食在仓库中大量陈化、变质，最后由国家承担亏损。产量、库存量及进口量"三量齐高"反映了生产与需求脱节的结构性矛盾（供求矛盾）和收储取代市场的机制性矛盾。二是国内粮价远高于国际粮价的价格倒挂问题。例如 2017 年 1 月 11 日粳稻在国内现货均价为 3140 元/吨，国际上大米的现货价格为 2555 元/吨，国内溢价 23%，小麦的国际价格还不到国内价格的一半。

我国农业已经存在严重供给侧矛盾。因此有必要推进农业供给侧改革，增强农业市场竞争能力，促进农业可持续发展力。党中央对农业农村发展的结构性矛盾进行了科学研判，审时度势地提出了农业供给侧结构性改革的决定。农业供给侧结构性改革是在 2015 年底召开的中央农村工作会议首次提出，随后 2016 年 1 月 27 日发布《关于落实发展新理念加快农业现代化实现全面小康目标的若干意见》中央一号文件，全文贯彻农业供给侧结构改革的思路，将"农业供给侧结构改革"一词首次进入中央一号文件。2017 年 2 月 5 日，中共中央、国务院连续 14 年发布指导"三农"工作一号文件——《关于深入推进农业供给侧结构性改革 加快培育农业农村发展新动能的若干意见》，该文件是首次以农业供给侧结构性改革为主题的中央一号文件。在党中央国务院的统筹谋划下，国家各部委、地方各级政府及相应主管部门积极主动落实农业供给侧结构性改革，大力优化农业供给结构调整，以此促进农业供给，有效满足需求。

三、广西农业供给侧改革的响应

随着广西城镇建设推进，工业化进程加快，人口增长迅速，刚性需要粮食等主要农产品增加，人增地减的矛盾将更加突出，确保粮食安全和糖料、蔬菜、水果等大宗农产品有效供给的任务艰巨，进一步提升农产品质量安全水平的压力增大。促进农业转型升级的压力越来越大。农业受资源和环境紧箍咒双重约束越来越紧，受产品价格与生产成本之间利润越来越少，消费品质升级与产业结构调整双重压力越来越大，与东盟等国际国内市场农产品竞争越发剧烈，传统的农业生产方式、经营方式、资源利用方式已难以为继。提升农业基础支撑能力的要求越来越高。我区贫困面大、贫困程度深，脱贫增收任务艰巨，农业基础设施建设滞后，农田有效灌溉能力不足，设施农业装备水平偏低，农业防灾减灾能力较弱，已成为制约现代农业发展的瓶颈因素之一。增加农业要素投入的需求越来越迫切。我区农业经营规模小，农机作业难度大，农业科技贡献率不高，农业比较效益低，吸引社会资本投资能力不足，农村要素市场发育滞后，新型职业农民比例偏低，农业劳动力素质不高、资金投入不足问题越来越凸显。改革涉农体制机制的需求越来越迫切。我区在农村产权制度、财政支农体制、农村金融体制、农村科技体制等涉农体制机制方面仍存在诸多不适应现代农业发展的地方，影响了农业要素投入的积极性和使用效率，改革体制机制的需求越来越迫切。

针对广西农业农村存在的问题和农业供给侧改革大背景，2016 年广西区政府积极采取措施，例如：积极发展农村电商、定制化发展"互联网＋农产品"新业态；创新思路利用互联网工具思路发展绿色生态农业；促进农业第一、第二、第三产业融合发展；促进农业对外合作多渠道和宽领域；通过科技创新，促进农业发展拉动要素转变等。2017 年，自治区政府召开以《紧扣农业供给侧结构性改革主线　开创广西农业农村工作新局面》为主题的广西农村工作会议，会议强调了农业供给侧改革总体要求、重点任务、工作思路等方面内容。2017 年自治区财政多方筹措资金，盘活资金存量，用好资金增量，加快资金下达，助力供给侧结构性改革。至 2 月自治区财政累计下达财政支农资金 128.25 亿元，较2016 年同期相比增加 16.89 亿元，增长 15.2%。这笔资金将重点用于支持精准脱贫攻坚农、林、水利建设等方面。自治区财政厅将以精准脱贫攻坚为核心，凝聚共识谋发展，加大资金投入力度，全力支持农业供给侧改革，为广西农村发展、农业增效、农民增收作出新贡献。

第三节　农业供给侧结构性改革背景下研究广西木薯产业发展的意义

木薯作为亚热带、热带地区重要饲料、粮食作物和工业原料，通过它深层次加工相关的产品种类可达 3000 种，渗透到社会居民生活的方方面面。当前国内有木薯淀粉、木薯颗粒、木薯干片和鲜薯等木薯产品贸易，进口大量木薯淀粉和木薯干片用以满足国内加工需求，缓解国内对木薯原料紧缺程度。

广西地处亚热带，作为木薯产业种植大省，其种植的木薯 90% 以上用于加工木薯淀粉和酒精。经过"十二五"的快速发展，广西木薯产业发展取得了巨大成效，木薯已经成为广西重要的能源作物与工业原料作物，是促进广西发展的一大重要产业。国内重点木薯加工企业主要集中在广西区域，这使得木薯产业发展已具备一定规模，在木薯总量增长的基础上，木薯产业也向产业化生产经营、区域化布局、多样化产品方向发展。

尽管广西木薯产业发展取得骄人成绩，但在我国经济进入新常态背景下，木薯产业发展面临新的形势：木薯产业由工业化向饲料化、效用化和食用化方向发展延伸；木薯产品价格不断走低，经济效益低，创新性弱，木薯加工小企业数量减少；因国家提高环境保护要求，木薯加工民营企业面临生产加工技术变革和木薯副产物综合利用率提高的压力，木薯及其加工产品副产物的资源化利用迫在眉睫。

因此，广西作为木薯种植大省和木薯产业加工集聚省，在农业供给侧结构性改革背景新形势下，如何基于产业发展战略视角，结合区域木薯产业发展和供需结构现状，发挥产业优势，规避产业劣势，顺应新情况，不断升级木薯产业，提高广西木薯产业国内外竞争力，促进广西木薯产业发展，具有非常重要的意义。

第二章 广西木薯产业发展现状与挑战

第一节 广西木薯产业发展的情况

一、广西木薯产业基本概况

100 多年前木薯被引入广西，在区内逐渐流转开来，目前已经广泛分布在全区各地，成为广西农民主要的作物。虽然种植广泛，但木薯多年来并未得到政府应有的重视，缺乏专门的发展规划。尽管如此，由于易于种植、方便管理、畅销等特点，木薯仍受到区内各地农民的青睐，其种植面积经历了先是稳步增长，然后逐步下降，最后基本维持在 200 千公顷以上的水平。1978～1988 年是广西木薯种植面积稳步增长的 10 年，由 1978 年的 131 千公顷增加到 1988 年的 260.5 千公顷，增长了约 1 倍；2005 年种植面积达到 269.5 千公顷，2010 年、2015 年种植面积分别为 233 千公顷和 213.3 千公顷，从 2011～2015 年近 5 年广西种植木薯面积逐年减少但每年都维持在 210 千公顷以上的水平，依然是全国种植面积最大的省份。2010～2014 年广西木薯种植面积占全国总面积的比例见表 2－1。不管是种植面积还是产量广西木薯都居全国首位，是广西对农民增加收入的重要途径。2005～2013 年近 10 年间，广西木薯排名前六位的一直是南宁、贵港、梧州、钦州、玉林、河池这 6 个城市。广西木薯空间布局主要受自然资源、当地木薯企业的实力、与其他农作物的比较效益、劳动人口等因素的影响。2015 年广西种植面积排在前六名的城市依次为：南宁、贵港、柳州、钦州、梧州、玉林。南宁长期以来是广西木薯种植面积最广的城市，近十来年每年种植面积基本维持在 50千公顷以上。广西百色市虽然土地面积广大，但由于高寒山区多、自然条件恶劣，大部分地区不适宜木薯种植，因此播种面积和比重较小。

表 2-1　广西木薯种植面积及其占全国比例　　　单位：千公顷，%

年份	全国	广西	占比
2010	270.87	230.30	83.60
2011	270.56	230.75	86.18
2012	280.06	230.12	82.39
2013	280.57	220.80	79.80
2014	280.77	220.41	77.89

资料来源：FAOSTAT、《广西统计年鉴》。

广西随着木薯面积与单产量的增加，收获木薯产量也在不断增加，1995 年广西木薯产量首次超过 100 万吨以上达到 124.510 万吨，从 1995～2015 年虽然木薯总产量偶有回落但是总体是不断增加的，20 年来总产量都在 100 万吨以上。2014 年是广西木薯总产量最高的年份，达 182.821 万吨。

广西木薯由于其独特的自然条件优势不管是种植面积还是产量在全国占有量都最大，两者都占全国 60% 以上，使广西木薯加工业具备了国内其他省区难以比拟的产地优势，为广西从种植到加工整个木薯产业链走在全国最前面创造了有利条件。改革开放几十年来广西木薯淀粉加工企业都维持在 100 家以上。随着市场优胜劣汰以及木薯加工往深加工等精细化方向发展的趋势，淘汰了很多木薯初加工，对环境污染严重的小企业，广西木薯加工企业现以向规模化的龙头企业发展，这将进一步巩固提高广西的木薯加工企业数量、规模、生产技术、管理水平等方面在全国的领先地位。

木薯是重要的能源作物和工业原料作物，目前其主要用途主要是生产加工木薯淀粉和酒精。广西的情况也是如此。据统计，广西木薯收获量的九成被用于加工木薯淀粉和酒精,木薯淀粉和酒精加工业已经成为广西农民增收、企业增效、社会发展的重要支柱产业。同时,广西木薯种植面积和产量有望继续增长。据广西农业厅 2006 年资料显示,在总面积达 700 万公顷不宜种植粮食和甘蔗的边际性荒坡、山地中,至少有 1/7 可用于种植木薯,因此广西木薯种植面积增长的潜力巨大。不仅如此,依靠科技进步培育良种、改进技术,不断生产条件,持续提高单产,未来广西鲜薯年总产量有望突破 3000 万吨,可见广西木薯产业有非常大的发展空间。

木薯作为非粮作物且含有丰富的淀粉,据研究,木薯用于生产酒精是最经济的,加上国家对非粮作物生产能源的重视,这两点意味着木薯淀粉加工具备了良好的经济前景和政策保障。由于广西的产地优势,木薯加工业可以就地取材,运输距离近、运输成本低,非常有利于广西木薯产业的发展,广西如能好好把握这些优势,能促进广西经济发展,实现农民增收、企业增长、财政增收。

二、广西木薯加工利用情况

广西木薯加工产业始于 20 世纪 60 年代,当时主要采用传统的流槽工艺,加工设备差,技术水平落后,产量低;20 世纪 80 年代中期后,随着种植业的发展和市场需求大幅增加,木薯加工业发展迅速。据中国淀粉协会统计,1999 年,木薯淀粉加工产量在广西全区达 25.31 万吨,占全国总量的 72.98%。2009 年,广西木薯工业淀粉产量 60 万吨,约占全国产量的 75%;变性淀粉产量约 12 万吨,约占全国 15%。随着广西木薯产业的不断壮大,其总产值量在不断上升,从 2005 年的 11.5 亿元到 2007 年的 15.2 亿元,再到 2009 年的 16.8 亿元,2007 年、2009 年的总产值量分别较 2005 年增长 32.17%、46.09%。其中,南宁市、梧州市、贵港市、钦州市这 4 个市在 2009 年木薯产业产值超过 2 亿元,其合计产值占广西总产值的 60% 以上,是广西木薯生产和加工的龙头区域;而玉林市、北海市、百色市木薯产业产值也突破 1 亿元。可见广西木薯产业的不断发展,经济效益不断增加,发展趋势良好。但大多数的广西木薯加工企业以生产木薯原淀粉为主,木薯酒精、变性淀粉等木薯深、精、细、化加工产品占少数,占 15% ~20%。

广西木薯加工一开始主要是被加工为淀粉,以初级加工为主,生产加工企业规模较小数量较多,例如 1986 年广西木薯淀粉加工企业高达 300 家左右。20 世纪 90 年代中期木薯淀粉厂回落到 200 家左右。据统计，2010 年广西 120 多家木薯加工企业的木薯淀粉加工量就占到全国木薯淀粉总量的近 70%。此外，广西木薯酒精加工业走在全国前列，区内多家木薯酒精加工企业年产量超过 20 多万吨，在全国木薯淀粉加工行业具有重要地位。除了努力扩大企业生产加工规模，广西还不断加快研发木薯相关产品，延长木薯产业链，丰富木薯产品的步伐，并取得一定成效。截止到 2012 年，广西木薯产品已经初步形成包括变性淀粉、化工产品（酒精等）、淀粉糖三大类为主的超过 2000 种单品的木薯产品体系。其中，有的产品，如木薯变性淀粉、山梨酸等以其品位高、质量优在全国享有盛誉，积聚了一定的品牌效应。随着竞争加剧，生产技术的改进，以及对生产加工带来的污染越来越重视等一系列的原因，广西木薯加工企业像其他成熟产业一样迎来转型升级、兼并重组、做大做强。目前，这一机遇已经受到各方的注意和重视。在国家层面，国家将木薯产业发展纳入《可再生能源中长期发展规划》等一系列国家级发展规划中，陆续推出有利政策，在资金上支持和保障广西木薯产业做大做强。在自治区层面，广西发改委在《建设燃料乙醇基地实施方案》中明确提出，要把培育打造一批具有明显国际竞争能力的木薯加工企业作为广西推进"十一五"与"十二五"特色优势产业发展的重要任务。这促使更多企业逐渐往深、精、细、化加工方向进行生产，如 21 世纪初，全国最大的木薯变性淀粉生产企业——广西明阳生物化工股份公司年产变性淀粉 15 万吨的项目在蒙山县成功落实，以及在右江河谷等区域建成大型酒精、淀粉等项目。2006 年中粮生物质能源有限公司率先落实国家非粮燃料乙醇产业政策，投资 13.5 亿元在广西北海建设 20 万吨木薯燃料乙醇示范工程，2009 年 4 月该工程顺利通过技术成果鉴定。在加工能力方面，国家级农业产业化龙头企业广西名扬生化科技股份公司是目前我国规模最大的木薯变性淀粉生产加工企业。而由中粮集团在北海投资建设的国家"十一五"重点项目——燃料乙醇项目则是国内生产木薯燃料乙醇最大的生产基地。经过多年发展，木薯毋庸置疑已经成为广西的生物质新能源的最重要来源，并且随着政府支持力度的加大，木薯乙醇产业对广西经济发展影响的深度、广度、力度都在持续加大，木薯产业经济的重要性将极大地提升。未来，广西木薯产业应在已有基础上，一方面要确保总量的持续增长，满足区内国内木薯加工的原料需求，不断提高木薯自给率。另一方面也应加快木薯产业向产业化经营、区域化布局、智慧化生产、精准化服务的方向发展，并积极打造我国首个木薯交易、信息及科研中心。

三、广西木薯贸易情况

经过 100 多年的发展，广西已经演变为我国木薯的主要产区，并在 2005 年后在种植面积、产量、单产等主要衡量指标方面都超过其他省份，成为我国木薯最大的生产基地。近 10 年来，广西在我国木薯生产和供应中有着举足轻重的影响，其木薯及木薯加工产品的供应量占到国内全部供应量的 80% 以上。广西随着木薯面积与单产量的增加，收获木薯产量也不断增加，1995 年广西木薯总产量就达到 124.510 万吨，首次超过百万吨以上，自此 20 年来总产量都维持在 100 万吨以上。2014 年最高产达 182.821 万吨。尽管如此，木薯的需求缺口却持续扩大，广西木薯产量不仅不能满足国内加工需求，而且就连区内企业的加工需求也难以满足，广西每年还需要从越南、泰国等地进口大量木薯，形成对国外木薯的严重依赖。一方面，随着木薯乙醇加工业的发展，近年来广西木薯加工缺乏的木薯量达 70 万吨以上，且缺口不断增大，预计将达 150 万~200 万吨，甚至更多；另一方面，随着广西木薯淀粉加工业的快速发展，仅仅自 1999~2001 年淀粉产量就从 12.25 万吨增加到 36 万吨，大量淀粉滞销的情况多年未见出现。为了满足区内企业的生产加工需求，广西木薯进口量始终维持在高位，2012 年仅木薯干片的进口就接近 50 万吨。但是即使如此，距离满足企业的需求仍有一定差距。为了弥补这个差距，破解企业的生存和发展的原料瓶颈，广西木薯加工企业加强了与周边国家的合作，近几年来作为项目合作区和发展伙伴有东南亚国家中的柬埔寨、越南、老挝等，在这些国家中有与木薯产业相关的重点规划。其中，2013 年柬埔寨、中国和联合国发展计划署（UNDP）签署的三方第二期木薯合作项目协议具有一定的代表性，该项目明确三方都应支持柬埔寨大力发展木薯产业，扩大种植面积，促进对华出口。这将有利于促进广西与柬埔寨木薯方面的合作。广西木薯种植与菲律宾也存在贸易往来，2007 年菲律宾东方石油公司与广西农垦局就木薯出口达成协议，价值约 600 万美元。同时，广西政府积极支持企业"走出去"，在国外开辟木薯种植基地，充分利用国外的土地和劳动力优势。其中，广西木薯生产加工企业及科研院所携手菲律宾的 IRYAV 公司，在菲律宾南部的东达沃省建立了一期面积300亩的木薯优良品种繁育基地，双方同时商定随着合作的深入，未来将逐步扩大良种培育面积以及木薯产量，以此满足中国木薯需求。

四、广西木薯的科研情况

木薯是广西重要的农作物，为了做好科技服务地方经济发展的工作，广西成立了多个木薯科研机构，并重点在良种选育、技术改进和品种引进等方面给予支持，初步建成了全国规模最大、实力最强的木薯科技成果研发中心。在各个科研院所中，对木薯组织培养、木薯快速繁殖进行研究的机构有：广西农业科学院、广西植物研究所等研究机构，而对木薯的转基因植株研究上中国科学院华南植物研究所获得了成功。在栽培技术方面，广西亚热带农作物研究所在引进品种基础上，采用嫁接技术，研发出木薯嫁接苗生产技术。该技术对提高木薯单株产量有显著作用，获得评审专家高达认可，并获批在国内推广应用。

此外，广西亚热带作物研究所也广泛与国际木薯研究机构合作，合作的国家有哥伦比亚、泰国、越南、缅甸、印度尼西亚、巴西等，并建立了良好的交流关系。通过与国外的沟通合作，我国积极开展种质和品种的引进工作。在种质方面，重点引进性状较好的人工杂交和自然杂交种子以及优良品系，并利用这些种质开展选育高产优质的适宜本国自然条件的优良种质。在具体品种方面，从各个国家都有一些品种被引进，如巴西的BAR900、泰国的罗勇系列、越南、印度尼西亚野生木薯等。广西亚热带农作物研究所通过与国际热带农业中心合作，完成多项试验研究，主要涉及木薯的引种栽培和种植方法与木薯电脑专家系统，其中木薯电脑专家系统对种植木薯土地水土的保持、标准化栽培、木薯嫁接等技术效果良好，为木薯标准化、精细化、高效化生产提供技术和平台支撑。目前，广西亚热带农作物研究的木薯育种在全区科研院所中走在前列，其培育的木薯良种GR911、GR891以其优良的性状，较高的经济效益分别获得了广西农垦科技二等奖和三等奖。GR911、GR891未来可能成为我国木薯的主打品种，目前已经开始在全国的推广种植。为了发展壮大广西的木薯产业，必须重视对木薯新品种的培育和引进以及加工与深加工方面的技术研究，进一步扩大广西木薯产业在全国以及全球的市场，使广西木薯产业不管从原料生产和木薯产品加工与深加工走在世界前列，进而推动广西经济的发展。

第二节 广西木薯产业发展面临的严峻挑战

从全球、全国和全区的木薯种植、研发、加工、贸易、专利等格局来看，广西木薯产业占据了一定的地位，也取得了一定的成绩，但仍存在许多不足。

一、政府支持力度仍需进一步加强

广西将木薯与甘蔗一起列为本地区特色效益农业，为了促进其发展广西政府出台了一系列政策措施。"十一五"规划明确了广西木薯产业的基本发展定位和目标：建设全国木薯生产和加工基地。为此，广西在 2006～2010 年要充分利用木薯优势资源，通过发展木薯燃料乙醇、高档系列变性淀粉等产品作为大力发展资源型工业的重要抓手。则随后的《广西壮族自治区中长期科学和技术规划（2006～2020）》中更是提出要把生物质产业关键技术攻关与产业化示范列为重大专项予以支持。但在具体操作中，多数政府不够重视，木薯发展的宏观政策在实际生产中没有得到有效落实，近 10 年来广西木薯产业的发展并没有出现质的变化。以种植面积和收获量为例，从 2000～2014 年，甘蔗种植面积、收获数量增加 1 倍多，木薯种植面积却呈现减少趋势，收获数量也仅增加不到50%。根据农业部对粮食作物的划分，木薯在我国划分为非粮作物，因此不在良种补贴范围，这就在一定程度上抑制了农民种植木薯的积极性。

二、木薯栽培管理粗放

由于木薯对环境和土壤要求不高，栽培管理粗放也有不错的收获，因此农民不进行积极的管理，木薯种植具有规模、产量低的鲜明特点。在广西农村，输出大量的青壮年劳动力在外地务工，使农村劳动力缺乏，在一定程度上导致了木薯生产管理的粗放，制约了木薯产量水平的进一步提高（卢庆南等，2006）。许多农户仅仅将木薯作为垦荒种植的作物，不注意管理，不防病虫（主要有螨类、蚜虫、木虱为害），不施肥或少施肥，不讲究种植密度，精耕细作，单产较低。资料显示，2014 年中国木薯单产水平仅 16.27 吨/公顷，比泰国、越南、老挝、柬埔寨等周边国家还低。据统计，近年来广西木薯每 $667m^2$ 生产水平仅为 1.5 ~ 2.5 吨，有些地块甚至仅有 1 吨。目前，广西虽然是全国第一大木薯生产基地，组织化程度却不高，直到 2006 年才成立广西木薯产业协会。这给木薯行业发展带来一定的促进作用，但是由于各种原因农民种植木薯很大一部分还是自产自销，加上鲜薯价格不稳定且得不到保障，管理粗放也未得到很大改善，产量也一直偏低。

三、机械化水平低，生产效率低下

木薯生产机械化水平低下主要分为种植机械化和收获机械化。在种植机械化方面，虽然我国木薯种植机械化研究已取得一定进展，但距离满足正常种植需要、大规模推广应用还有不小差距。这是因为已有的机型普遍存在地形适应性差、技术可靠性低、种植质量不高等问题，不能满足市场上缺少技术成熟以及商业化推广应用的基本需要。在收获机械化方面，受木薯秸秆无序、分布零散等特点的影响，机械收获很容易出现木薯块根损失率高的问题，而广西木薯种植土地坡度大的特点又增大了块根损失率，因此收获机械化研究进展十分缓慢。

四、木薯新品种、新技术应用程度低

在国内外木薯专门研究机构的努力下，木薯品种、技术研发取得了较大的进步，但由于科研机构、企业、农户没有形成有效对接，新技术新品种宣传推广力度不足，科研成果转化率较低，木薯新品种新技术在广西得不到有效的推广。华南 205、南洋红（华南 201）是广西目前的主栽品种，占木薯种植面积 80% 以上，由于种植时间较长，导致出现品种退化、产量低、出粉率不高的现象。近年来，广西亚热带作物研究所等研究机构虽然选育了华南系列、桂热系列、南植 199、GR911 等多个新品种，由于各种原因这些新品种得不到有效推广种植，在区内和国内的种植覆盖率普遍不高。在加工生产方面，受科研和生产加工脱节的影响，科研院所培育出的大多木薯品种由于淀粉含量低，难以满足企业生产加工酒精的需要。而淀粉含量高的已经种植多年的传统品种却又面临种性退化、产量

低下的问题，严重影响农民种植的积极性。此外，由于种植木薯农户数量多、规模小、组织化程度低，木薯生产缺乏统一的规划和指导，导致木薯早、中、晚熟品种种植搭配不合理，各品种木薯生长、收获和上市基本同步，影响了木薯加工企业的持续化经营，企业在木薯淡季无料加工，不得不停产。

五、木薯加工企业与种植户利益连接机制不完善，分散生产与集中加工的矛盾突出

目前广西木薯种植多由农民自发零星种植，还属于小农经济，种植户各自为政，难以集约化、专业化生产，也难以形成规模，没有集中连片、稳定的木薯生产基地，导致多数加工厂原料获取困难。木薯收获的季节多在12月至次年1月，鲜薯加工时间短且集中。同时，企业对农民生产环节缺少指导与规划，未形成价格联动机制，加工企业与农户是松散的买卖关系，而不是固定的契约关系或利益共同体，农民的利益得不到保护，生产积极性自然变低。此外，产品收购价格也在一定程度上影响了农户木薯种植的积极性，这是因为区内企业未能像泰国企业收购木薯按照优质优价原则，对木薯淀粉含量进行分级分等，然后对不同等级的木薯给予不同的收购价：质优的价高，质劣的低价。

六、木薯加工技术落后，严重影响经济社会环境

目前广西木薯加工技术尤其是深加工技术比较落后，浪费普遍，经济效益不高。木薯加工厂多，但很多工厂的主业是生产木薯原淀粉或生产牲畜饲料，显然其产品难与附加值高的深加工产品相比；木薯加工企业规模不大，工艺技术距离国际先进水平仍有一定的差距，综合生产成本居高不下，经济效益受成本影响长期不高；粗放加工方式也造成了环境污染问题，废弃物没有统一的处理措施，直接排放到自然环境中，再加上管理者环保意识淡薄，造成大气、土壤、河流和农作物污染十分严重。

七、木薯专利保护力度不足

与国外相比，广西木薯产业专利数量较少，核心技术较为缺乏，没有形成有效的专利保护体系。在已有的专利申请中，存在只注重国内申请而忽视了国外申请专利保护的问题，重大核心技术有流失风险。同时，木薯专利产业链布局不均衡，对高附加值的木薯精深加工领域，比如日化、医药等申请的专利较少；对基础环节的重点技术，如育种、组培技术申请的专利也较少。专利权人较为分散，企业未成为木薯专利所有人的主体，高校、科研院所、个人拥有的大量专利未实现市场转化而被束之高阁，专利转化应用率低。截至2014年广西木薯产业只有5件专利实现了专利许可或转让，其中广西大学2件、个人1件、企业1件（李维胜，2014）。国外申请人（如美国、德国）在世界申请了大量专利，尤其是在中国布局了大量专利，广西企业专利侵权风险较高，企业的自主知识产权保护不到位，不利于企业积极开展专利研发，进而限制了企业技术的改进升级，也极大地限制了广西木薯产业发展壮大。

总体来看，广西木薯产业虽然存在一些劣势，还面临不少来自相邻地区和相邻产业的竞争威胁，但广西木薯产业的发展具备了优越的自然条件、产业基础良好、技术优势突出等优势，又迎来了产业需求扩大、产业政策扶持、中国东盟自由贸易区打造升级版、扶贫攻坚事业进入决战期等多个难得的历史性发展机遇，发展前景光明。广西木薯产业应实施发展型战略，着力加强品种研发，扩大区内种植，稳定原料进口，建立健全体系，拓展深化加工，提升综合利用能力，加强专利保护等，不断提升竞争力、形成稳固产业链，在现有基础上将木薯产业做大做强。

第三章　广西木薯供给分析

第一节　广西木薯供给的变化及其特点

一、广西木薯种植的历程

木薯原产于美洲，在18世纪时先传入亚洲，后于19世纪20年代开始在我国广东高州地区种植。广东高州市《县志》的"有木薯，道光初，来自南洋"是我国对木薯最早的记载。由于适应性强、耐旱耐瘠、高产丰产的特性，木薯种植区域迅速扩大，靠近广东的广西也很快受到影响，并于19世纪20年代由东南亚一带经广东传入广西。由于广西大部分地区的自然气候条件适宜生长，木薯便迅速在广西得到了普遍的推广，成为广西重要的薯类作物之一。

由于过去科学技术水平较低，人们对木薯的价值没有充分的认识，导致木薯长期与"贫穷落后"联系在一起，未得到政府重视，也没有被政府列入规范性的农业生产计划中，但其粗生易长、易管易收、易贮易卖的特点却得到了农民的普遍认可，因此在新中国成立前区内已有相当一部分农民自发种植木薯，但这时期的木薯产业仍处于自然发展阶段，木薯需求量并不大，只是用于满足农民基本生产生活的需要，如作为农民食物的补充和饲养生猪的喂养物，市场上流通消费的规模很小。新中国成立后到60年代前期，由国家重视农业生产和木薯加工技术的发展以及木薯及其相关制品的迅速增加，木薯需求不断增长，木薯价格也水涨船高。受此影响，农户生产积极性提高，木薯种植面积和产量实现同步扩大，广西木薯产业步入快速发展的阶段。但由于技术水平低下，化肥农药等现代生产要素使用有限，这个阶段广西木薯单产增长依然缓慢。60 年代中期到 80 年代前期，受生产经营制度变迁和政治气候变化影响，广西木薯产业进入徘徊的阶段，播种面积和产量剧烈波动，大起大落，对农民生产积极性影响很大。80 年代中后期到 2005 年前后，是广西木薯产业稳步发展的阶段，这个阶段由于家庭联产承包责任制的广泛推行、国内外市场的开放、生产加工技术的进步等强有力因素的推动，广西木薯播种面积和产量稳步增长，木薯加工量和消费量快速增加，木薯在促进农民就业增收和地方产业发展方面发挥了重要作用，广西也一跃成为全国最大的木薯生产和加工大省强省。2005 年后，受市场需求变化影响，木薯产业收益降低，广西各地纷纷进行农业生产结构调整，甘蔗、柑橘等经济作物种植面积不断扩大，极大地挤压了木薯的种植用地和劳动力，木薯的种植面积和投入劳动力都明显减少。但得益于科技进步和现代生产要素的使用，木薯单产有所提高，并成为木薯总产量增加的主要动力。近年来，由于木薯作为生物质能和酒精燃料的需求不断增长，国家和广西都明确将木薯作为广西的农业主导产业来发展，因此未来木薯产业将在广西有更大的发展。

二、广西木薯生产现状

(一) 木薯播种面积和产量

从图 3 - 1 可知，1950 ~ 2013 年，广西木薯播种面积和产量增长明显。木薯播种面积从 1950 年的 62. 26 万亩增长到 2013 年的 319. 95 万亩，年均增长 2. 6%，增长了 5. 14 倍。产量从 1950 年的 3 万吨上升到 2013 年的 175. 94 万吨，年均增长 6. 46%，增长了 58. 65 倍。产量的增长倍数和年均增长率明显高于播种面积，说明广西木薯单产显著提高，生产的集约化水平明显提升。但播种面积和产量的增长呈现出一定的波动性和阶段性。在种植面积方面，广西木薯在 20 世纪 90 年代以前，种植面积有过 4 次大幅度上升的情况。第一次是 1961 ~ 1962 年，种植面积从 1961 年的 156. 53 万亩急剧上升到 1962 年的 275. 32 万亩，上升幅度达到 118. 79 万亩，同比增长 75. 89%；第二次是 1968 ~ 1969 年，播种面积从 1968 年的 110.5 万亩增加到 1969 年的 187.1 万亩，增长幅度达到 76.7 万亩，同比增长 69.41%；第三次是 1978~1979 年，从 1978 年的 111.85 万亩增加到 1979 年的 196.53 万亩，同比增长 75.71%；第四次是 1986~1987 年，从 1986 年的 201.22 万亩增长到 1987 年的 298.46 万亩，增长幅度达 97.24 万亩，同比增长 48.33%。但值得注意的是，这四个增长阶段都是以前一年或几年较低的播种面积为基础的，即播种面积经历了四次明显下降，而后迅速恢复的情况。这可能和当时特定的历史背景相关。产量虽然受到种植面积的影响，也呈现出一定的波动性，但从图 3-1 中可以看出，产量的波动性明显小于种植面积，而且自 1986 年以后，产量增加的速度明显加快，这主要得益于科学技术和良种化导致的单产的增加。

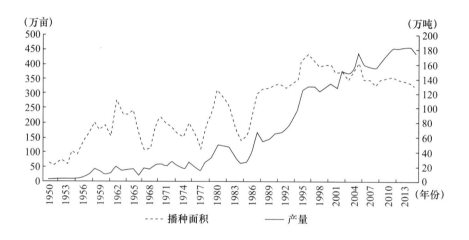

图 3-1　1950~2013 年广西木薯播种面积和产量

　　20 世纪 90 年代中后期，随着市场需求的变化，国内和广西都出现了农产品"卖难"的情况，广西开始进行农业产业战略性结构调整，一些市场需求前景好、比较效益高、见效快的农作物产品，如甘蔗、柑橘等在区内迅速推广，广西逐渐成为"甘蔗大省"、"柑橘大省"。在播种面积增长十分有限的情况下，甘蔗、橘子等经济作物种植面积的扩大直接导致了木薯种植面积的下降。如图 3-2 所示，1995 年以来，广西木薯播种面积在作物总播种面积的比重持续下降，从

1995 年的 4.8% 下降到 2015 年的 3.5%，下降了 1.3 个百分点。但同期单产则从 0.3 吨/亩上升到 0.55 吨/亩，上升了 82.5%，单产增加非常明显。在播种面积持续下降的情况下，也正是单产的提高支撑了产量的不降反升，也增加了木薯的供给总量。

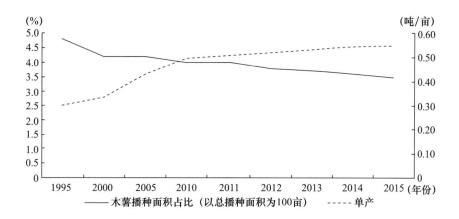

图 3-2　主要年份广西木薯产量播种面积占比和单产

（二）木薯的区域分布

木薯主要分布在南北纬 30 度左右、海拔 2000 米以下的热带和亚热带地区，在世界上 100 多个国家和地区都有种植。我国广西、海南、广东、云南等省份基本都有种植，其中广西多年来的种植面积和产量均居全国第一。

广西木薯在全国的优势地位与其得天独厚的条件密切相关，据统计，全国适合木薯种植的土地面积中，广西就占 38.42%，国家 4 个木薯产业优势区琼西—粤西、桂南—桂东—粤中、桂西—滇南、粤东—闽西南，有两个与广西重叠。广西虽然大部分地区适宜种植木薯，但各地木薯种植适宜性程度却又有一定的差异。苏永秀等（2009）对广西木薯优势产区再进行了细分，分别通过选择平均气温、稳定通过 10℃活动积温、年降雨量和年日照时数四个指标作为木薯种植的适宜性评价指标，利用地理信息系统（GIS）软件对广西各地区木薯生产适应性进行了评价，得出了广西各地木薯生产适宜性情况，两者得出的结果基本一致。本书主要采用黄建祺（2015）的分析结果，如表 3-1 所示。结合图表可知，广西木薯最适宜种植区主要集中于桂中、桂南和桂西地区，桂北、桂西和桂东主要是欠适宜和不适宜区。具体到各县区，平南和龙州等 30 多个县区是最适宜区，百色和平乐等 20 多个县区是适宜区，两者面积占广西总面积的比例分别为33.01%、27.22%，合计为 60.23%，因此，广西除 1.98% 的高寒山区和偏北地区不适宜种植木薯外，其他大部分区域都可以用来种植木薯。

表 3-1 广西各县区木薯适宜性分布表

适宜度种植区划	县区
最适宜种植区	梧州、苍梧、岑溪、上思藤县、玉林、平南、贵港、来宾、武宣、忻城、都安、大化、马山、宾阳、南宁、邕宁、横县、隆安、合浦、北海、宁明、凭祥、龙州、崇左、扶绥、大新、平果、田阳
适宜种植区	容县、北流、陆川、博白、兴业、桂平、象州、合山、上林、武鸣、钦州、灵山、浦北、东兴、防城港、田东、百色、凌云、平乐、柳城、宜州、巴马、天等、靖西、田林
次适宜种植区	临桂、桂林、阳朔、荔浦、富川、钟山、贺州、融水、鹿寨、柳州、柳江、环江、河池、东兰、全州、恭城、昭平、蒙山、融安、罗城、天峨、凤山、德保、那坡、西林、隆林、龙胜、灌阳、灵川、三江、资源、兴安、永福、南丹
不适宜种植区	金秀、乐业

由于各地木薯适宜性程度和各地辖区面积大小的差异，木薯在当地作物总面积所占的比重亦有明显的差异。如图 3-3 和图 3-4 所示，2015 年木薯播种面积主要集中于桂中地区，其中南宁木薯播种面积为 3.60 万公顷，占到全区模式播种面积的 15%，是广西木薯种植第一大市。紧跟南宁之后的是贵港市 2.85 万公顷、柳州市和钦州市各 2.61 万公顷，梧州市 2.34 万公顷、玉林市 2.19 万公顷，分别占广西总播种面积的 12%、11%、11%、10% 和 9%，6 个市合计共占68%。百色虽然土地面积广大，但由于高寒山区多、自然条件恶劣，大部分地区不适宜木薯种植，因此播种面积和比重都较小。

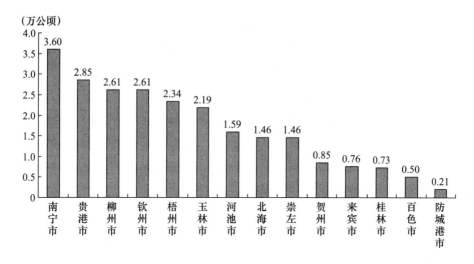

图 3 - 3　2015 年广西各地级市木薯播种面积

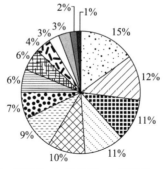

图 3 - 4　2015 年广西各地级市木薯播种面积占总播种面积的百分比

（三）主要品种和生产方式

由于木薯播种面积的下降，木薯产量增加主要依托于科技进步，而品种的研发和改良是木薯科研的主要方向，但长期以来广西木薯品种研发和推广进展缓慢，木薯良种推广面积比重低，而传统品种低产低淀粉退化的问题比较突出。2006 年广西成为全国木薯第一大省后，广西加大了木薯品种研发和引进的力度，将品种研发和国外引进相结合，初步研发出了一些具有明显经济效益的木薯品种，其经济效益获得社会的认可，如木薯良种 GR 系列多次获得广西农垦科技奖，并在全国推广种植。2007 年，新研制的桂热 3 号小面积区域试种成功，各项指标均优于已推广的品种，尤其是在亩产方面，桂热 3 号产量大、淀粉含量高的特点尤其突出。据测算，桂热 3 号比当时推广的木薯良种增产 29% ~ 33%，达到 2780 公斤/亩，而淀粉的平均含量达到 29.1%。不仅如此，广西积极创新木薯种植技术，广西亚热带农作物研究所研发的木薯嫁接苗生产技术在国内处于领先水平，对提高单株木薯产量效果明显。目前，广西种植面积较大的木薯品种主要有华南 205、南植 199、新选 048、GR891、华南 5 号和华南 8 号。

表 3 - 2　广西木薯主要种植品种及特性

品种	品种特征	产量（吨/亩）	淀粉含量（%）
南植 199	低毒、高产、抗风抗病抗虫能力强	2 ~ 3	30 ~ 36
华南 205	抗病能力强，加工性好、非食用	2 ~ 3	28 ~ 30
华南 5 号	高产，适宜坡地种植	2 ~ 3	30 ~ 32
华南 8 号	抗旱、适应性强	2.5 ~ 3	31 ~ 33
GR911	高产易收耐储存	2 ~ 3	25
新选 048	结薯密集、易收获	2 ~ 6	28 ~ 30

随着农业现代化的推进，木薯的生产方式也发生了较大改变，虽然家庭仍然以木薯为基本的生产单位，但是农业机械的使用、现代生产要素的投入和"公司＋农户"的发展已经完全改变了木薯传统的用人力畜力、靠天吃饭、自给自足的生产状态，以家庭为单位、以市场为导向、以科技为助力、以政策为保障的现代木薯生产方式已经初步形成，如广西金源生物化工实业有限公司通过"公司＋基地＋农户"方式，与农民签订保价收购合同，确保木薯供应。同时，该公司还和广西大学等科研单位建立校企合作关系，为农民种植木薯提供优良品种和技术保障。

三、木薯产量相关影响因素变动分析

与其他农业作物一样，木薯生产是经济再生产和自然再生产的高度交织的过程，深受自然和社会的影响，具体来说，影响木薯产量的因素有四大类：一是自然因素，如土地、热量、光照、水分和自然灾害等；二是投入要素，如土地、化肥、机械等生产资料；三是市场要素，如市场需求、市场价格、价格能力等；四是政策和制度因素，如农村土地经营制度、国家良种补贴政策、木薯进出口政策等。因此，本书主要从以上四个方面对木薯产量相关影响因素变动进行分析。

（一）自然因素

如前文广西木薯生产区域分布适宜性分析，气温、积温、年降雨量和年日照时数是影响木薯产量的主要气候因素，因此才有了基本根据气候条件将广西木薯种植区域划分为最适宜区、适宜区、次适宜区和不适宜区等，而各地的气候因素一般而言是比较稳定的，而木薯由于其较强的抗旱抗病抗虫的特性使其受自然灾害的影响比较小。一般来说，土地是影响木薯产量的主要自然因素，在其他条件不变的情况下，木薯产量与土地面积成正比，即土地规模是决定木薯产量的最重要因素，土地规模大，则木薯产量大，土地规模小，则木薯产量就小。

（二）投入要素

1. 劳动力投入

木薯劳动力投入整体上呈现下降的趋势，从事木薯生产的劳动力从 1990 年的 41.56 万人下降到 2015 年的 25.54 万人，总量下降了 16.02 万人，下降幅度高达 38.55%。主要原因可能是劳动力转移到城市务工和其他经济效益比较高的经济作物。但由于其他因素的影响，劳动力时而出现回流木薯产业的现象，结合图 3-5 可以发现有以下三个阶段：第一阶段是 1994～1996 年，第二阶段是 2004～2006 年，第三阶段是 2008～2009 年。其中，2008～2009 年劳动力增加的幅度最大，从 2008 年的 25.48 万人上升到 2009 年的 39.46 万人，上涨幅度高达 54.87%，远高于 1994～1996 年的 15.99%、2004～2006 年的 19.54%。对照价格变化趋势图发现，2008～2009 年木薯价格发生了 1990 年以来最大幅度的上涨，从 2008 年的 460 元/亩上涨到 2009 年的 550 元/亩，上涨幅度高达 16.36%，因此可以认为木薯价格的大幅度上涨是该阶段劳动力回流的主要原因。

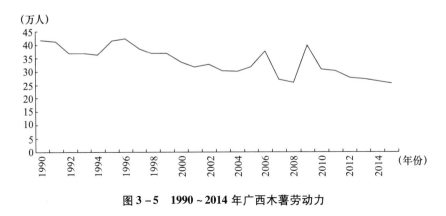

图 3 – 5　1990～2014 年广西木薯劳动力

2. 机械总动力和化肥使用量

从图 3 – 6 可以发现，机械总动力上升趋势非常明显，从 1990 年的 3. 35 亿瓦特上升到 2015 年的 13. 19 亿瓦特，年均增长 5. 6%，高于同期化肥使用量（年均增长 1. 8%）3. 8 个百分点。正是多年的高增长率，机械总动力在 2006 年之后，在绝对量上超过了化肥使用量。这表明，广西木薯生产机械化水平显著提高，成为木薯增产的重要动力之一。相比之下，化肥使用量不仅增长疲软，而且出现了下降的趋势。化肥使用量增长缓慢的主要原因既有政策方面的影响，也有对木薯增产效果不如机械的影响，后文会通过计量分析的方法指出化肥使用量对木薯产量的系数低于机械总动力。

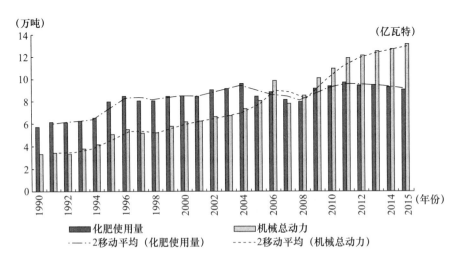

图 3 – 6　1990～2015 年广西机械总动力和化肥使用量

（三）市场因素

1. 市场整体需求

近年来，随着木薯酒精、淀粉、食品加工业的深入发展，木薯产品日益丰富，木薯产业链不断延长，木薯市场需求持续上升。以 2009 年为例，2009 年国内木薯供给达到历史最高水平的 2377 万吨，但同期仍进口木薯干片 610.7 万吨，导致当年我国木薯对外依存度高达 69.4%。有学者分析指出，虽然未来我国木薯淀粉和木薯酒精产业发展格局不会发生多大的改变，但乙醇的需求将逐年增长。假设木薯酒精和木薯淀粉需求量基本保持不变，但到 2020 年，在新增木薯乙醇 100 万吨的推动下，木薯新增需求将达 700 万吨（鲜重）。届时，国内生产依然难以满足需求，因此进口成为必然选择，而进口量可能需要 700 万吨（鲜重）以上。因此木薯的市场整体需求仍有较大增长空间。

2. 木薯市场价格

木薯市场需求的直接反映是木薯价格。20 世纪 90 年代以来，除个别年份外，木薯价格呈现温和上涨的趋势，从 1990 年的 250 元/亩上涨到最高时的 600 元/亩（2010 年），年均增长 4.47%。但随后又逐年下降，到 2015 年下降到近 5 年的最低点 420 元/亩，与 2002 年的水平持平，年均下降 6.89%（见图 3-7）。因此，价格下降的速度远快于上升的速度。

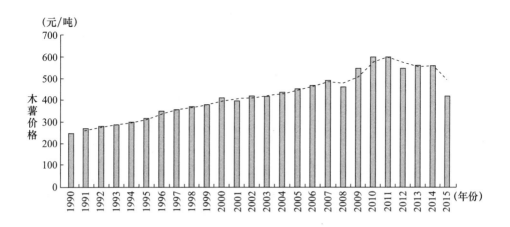

图 3-7　1990~2015 年广西木薯价格

（四）政策和制度因素

进入 21 世纪以来，国家和广西高度重视木薯产业，出台了一系列的政策鼓励、支持和引导木薯产业发展。在国家层面，相继出台了《能源法案》（2005），《关于加强生物燃料乙醇项目建设管理，促进产业健康发展的通知》（2006）和《可再生能源中长期发展规划》等政策法规，其中《可再生能源中长期发展规划》明确提出，要重点发展木薯等燃料乙醇技术，合理利用木薯等非粮生物质原料生产燃料乙醇，并展望广西到 2020 年建成 100 万吨燃料乙醇生产基地，年需要新增鲜木薯 700 万吨。国家对木薯产业发展给予明确定位。在自治区层面，木薯产业发展写入广西"十一五"、"十二五"、"十三五"发展规划，是自治区支持发展重大农业产业项目。同时，国家和自治区出台了相应的配套政策，给予木薯加工企业和其他木薯相关机构内各种补贴和优惠政策，极大地促进了木薯产业的发展。

四、广西木薯种植存在的主要问题

（一）土地资源不足是制约木薯生产发展的主要制约因素

前文有分析，自 1990 年以来，广西木薯播种呈现整体下降趋势，木薯产量的增加主要是依靠科技进步和现代生产要素的使用支撑的。2010 年以后，这种趋势更加明显，如表 3 - 3 所示，2011～2015 年广西木薯播种面积不断下降，从 2011 年的 237.5 千公顷下降到 2015 年的 213.3 千公顷。同期，作物总播种面积连年增加，2015 年比 2010 年增加 237.8 千公顷。但增加的面积主要来自蔬菜（含菜瓜），其 2015 年比 2010 年增加了 213.4 千公顷，占增加的总播种面积的 89.74%，而粮食作物基本保持稳定。广西作为全国的产粮大省，肩负维护国家粮食安全的重任，因此粮食播种面积不会有太大变动，而蔬菜（含菜瓜）等经济作物由于较之木薯经济效益高、见效快，因此未来播种面积下降的可能性和幅度都较小。因此，在木薯生产技术和品种未有很大突破的前提下，为了要保证粮食生产和发展见效快、效益高的经济作物，木薯的播种面积必然会受到影响，产量的大幅度增加也有相当难度。

表 3 – 3 2010～2015 年广西主要作物播种面积 单位：千公顷

指　标	2010	2011	2012	2013	2014	2015
作物总播种面积	5896.9	5996.5	6089.5	6137.5	6186.1	6134.7
粮食作物	3061.1	3072.8	3069.1	3076.2	3067.7	3059.3
花　生	170.3	179.5	188.1	194.9	204.3	214.3
油菜籽	15.6	15.5	17.1	18.8	24.182	24.79
木　薯	233	237.5	231.2	227.97	224.1	213.3
蔬　菜（含菜瓜）	1007.6	1040.7	1075.4	1104.6	1162.5	1221

（二）木薯栽培管理粗放

由于木薯粗生易长，栽培管理粗放也有一定的产量，广西农民种植木薯的积极性不高，木薯种植呈现规模小、产量低的特点。许多农户仅仅将木薯作为垦荒种植的作物，不注意管理，不施肥或少施肥，不讲究种植密度，不精耕细作，单产较低。如前文所述，2014 年中国木薯单产水平仅 16.27 吨/公顷，比泰国、越南、老挝、柬埔寨等周边欠发展国家还低。同时，由于农民大力外出务工，农村青壮年劳动力急剧减少，劳动力雇用成本提高，木薯生产受到极大影响，生产经营者雇用劳动力的意愿和能力都有所减弱，木薯栽培管理的水平因此进一步下降，影响了产量的提高。

（三）木薯新品种、新技术应用程度低

在国内外木薯专门研究机构的努力下，木薯品种、技术研发取得了较大的进步，但由于科研机构、企业、农户没有形成有效对接，新技术新品种宣传推广力度不足，科研成果转化率较低，新品种新技术对实际生产经营效益提高作用十分有限。同时，广西目前使用广泛的主要品种是南洋红，该品种由于种植时间长，品种退化严重，产量低，出粉率不高，单位面积产量及平均淀粉量下降，降低了生产经营效益。此外，由于该品种是大部分农民普遍采用的，因此木薯生产同步，收获期过于集中，产量在短时间内大量上市，但上市高峰期过后木薯供应量十分有限，远远不能满足企业的需求，因此很多企业不得不周期性停产，造成开工率不足，厂房、机器等设备的严重浪费，严重限制了加工企业盈利能力的提高。此外，广西木薯在种植领域新技术采用较少，尤其是在推广机械化种植方面进展十分有限。

第二节 广西木薯产量预测

一、变量选取、模型设定和数据来源

（一）变量选取

木薯产量分为木薯生物产量和经济产量，生物产量是木薯通过物质和能量的转化所生产和累积的各种有机物的总量，而经济产量是生物产量的一部分，是栽培木薯所需部分的收获量，即通常所称的"产量"，本书所指的产量就是这个概念。木薯产量是各投入要素综合作用的结果。一般来说，影响木薯产量的投入要素主要有土地、劳动力、机械总动力、农药、化肥、电力等，但木薯生产的粗放性，农户在实际生产过程中使用农药和电力的数量比较有限，因此长期以来未有这两个要素的统计数据。根据数据的重要程度和可得性，本书选择土地、劳动力、机械总动力、化肥四个要素作为木薯产量的变量，以考察各变量对木薯产量的影响程度和预测木薯未来的产量。

（二）模型设定和数据来源

通过梳理文献可以发现，柯布—道格拉斯生产函数是对农产品产量预测应用较多且较为成熟的模型，该模型最初是美国数学家柯布（C. W. Cobb）和经济学家保罗·道格拉斯（PaulH. Douglas）共同探讨投入和产出的关系时创造的，后来又引进技术这一变量。该模型的基本形式是 $Y = AK\alpha L\beta$，其中 Y 是总产量，A 是综合技术水平，L 是投入的劳动力数（单位是万人），K 是投入的资本，α 是劳动力产出的弹性系数，β 是资本产出的弹性系数。

基于以上变量的选取，根据柯布—道格拉斯生产函数，木薯的投入产出函数可表示为：

Production = F（Land, Labor, Ferntilizer, Machinery） （1）

两边取对数，可得到改进的柯布—道格拉斯生产函数：

lnProduction = α + β1lnLand + β2lnLabor + β3lnFerntilizer + β4lnMachinery +

β5lnPrice + u　　　　　　　　　　　　　　　　　　　　　　　　（2）

其中，Production 表示产量（万吨）；Land 表示播种面积（万亩）；Labor 表示劳动力；Ferntilizer 表示化肥使用量（万吨）；Machinery 表示机械总动力（亿瓦特）；α 表示常数项；u 表示随机误差项。

用模型（2）作为本节的基本计量模型。

统计数据来源于 1991～2016 年《广西统计年鉴》以及广西农垦局统计数据，在提取数据的过程中对数据单位进行了转化。实证分析使用计量软件为 sta-ta13.0。

二、描述性分析和相关性分析

通过对模型（2）进行描述性统计分析可以发现（见表 3 - 4），数据中没有出现极端数据，数据间的量纲差距也在合理范围内，可以利用数据进入下一步分析。

表 3 - 4　变量描述性统计分析结果

Variable	Mean	Std. Dev.	Min	Max
lnProduction	4.887443	0.3181351	4.16806	5.208509
lnLand	5.482219	0.0860769	5.3627	5.666081
lnLabor	3.503104	0.1629929	3.237894	3.741235
lnFerntili ~ r	2.106233	0.1542649	1.750937	2.272991
lnMachinery	1.932652	0.4372745	1.20896	2.579175

相关关系分析是指对两个以上变量的样本序列之间表现出来的相关程度进行分析的方法。进行相关性分析的目的是通过判断变量之间的相关性，提出相关系数较低的变量或增加新的变量。按照经济理论的假设，土地、机械总动力、化肥使用量和劳动力等生产要素投入与产量变化是相关的，但样本数据是否符合经济理论仍需要进一步检验。通过对模型（2）进行相关性分析（见表 3 - 5）和各变量对产量对数的时间序列趋势图（见图 3 - 8）可以发现，lnLand（播种面积对数）和 lnProduction（产量对数）相关系数为 0.2026，低于 0.3，属于低度相关。

结合 lnLand 和 lnProduction 的线性关系图，可以判定播种面积对产量的增长影响微乎其微，可以不计，因此将 LnLand 变量从模型中剔除。其他自变量对 lnproduction 的相关系数较大，且基本是线性关系，因此可以纳入模型并进行下一步分析。

表 3-5　各自变量对因变量（木薯产量对数）的相关系数

	lnProd ~ n	lnLand	lnLabor	lnFern ~ r	lnMach ~ y
lnProduction	1. 0000				
lnLand	0. 2026	1. 0000			
lnLabor	− 0. 6591	0. 3483	1. 0000		
lnFerntili ~ r	0. 9449	0. 3077	− 0. 5516	1. 0000	
lnMachinery	0. 9288	− 0. 1209	− 0. 7284	0. 8613	1. 0000

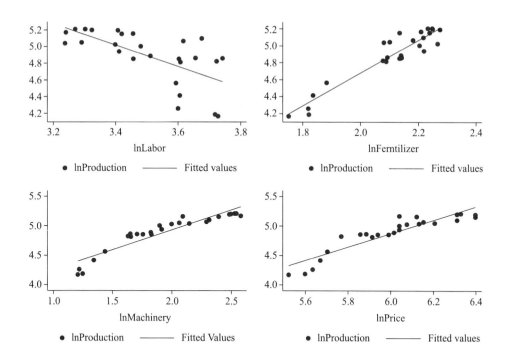

图 3-8　四个自变量对因变量的线性关系图

剔除变量 lnLand 后，模型形式为：

$$lnProduction = \alpha + \beta_2 lnLabor + \beta_3 lnFerntilizer + \beta_4 lnMachinery + \beta_5 lnPrice + u \quad （3）$$

三、进行回归分析

（一）模型（3）回归分析

对模型（3）进行多元回归分析，结果如表 3 - 6 所示。

表 3 - 6 模型（3）回归分析结果

Source	ss	df	MS	Number of obs = 26 F（3，22）= 127. 12 Prob > F = 0. 0000 R - squared = 0. 9455 Adj R - squared = 0. 9380 Root MSE = 0. 0792		
Model	2. 39223919	3	0. 797413064			
Residual	0. 138009412	22	0. 006273155			
Total	2. 5302486	25	0. 101209944			
lnProduction	Coef.	Std. Err	t	P > | t |	95% Conf.	Interval
lnLabor	- 0. 1098099	0. 1453277	- 0. 76	0. 458	- 0. 4112011	0. 1915812
lnFerntilizer	1. 192389	0. 2070499	5. 76	0. 000	0. 7629937	1. 621784
lnMachinery	0. 283583	0. 0889235	3. 19	0. 004	0. 099167	0. 4679991
_ cons	2. 212602	0. 6054697	3. 65	0. 001	0. 9569352	3. 46827

从模型分析结果可知，整个方程显著性的 F 统计量为 127. 12，对应的 P 值为 0. 0000，说明回归方程整体上是高度显著的。同时，模型的可决系数为 0. 9380，调整后的可决系数为 0. 9380，说明模型的解释能力较强。变量 Ferntilizer 的 P 值为 0. 000，变量 lnMachinery 的 P 值为 0. 004，且系数符号符合经济理论预期，说明系数是非常显著的。但变量 lnLabor 的系数为负且 P 值为 0. 458，系数非常不显著，且不符合经济意义（即劳动力投入越多，木薯产量也越大）。进一步地，软件对模型进行自动剔除不显著变量，结果变量 lnLabor 和变量 lnLand 都被剔除出模型，且说明劳动力投入不是木薯产量的重要自变量，因此可将 lnLabor 从模型中剔除，重新估计方程。

剔除 lnLabor 后，模型形式可写为：

$$lnProduction = \alpha + \beta3 lnFerntilizer + \beta4 lnMachinery + u \qquad (4)$$

（二）模型（4）回归分析

从模型分析结果可知，整个方程显著性的 F 统计量为 194. 01，对应的 P = 0. 0000，说明回归方程整体上是高度显著的。同时，模型的可决系数 = 0. 9440，

调整后的可决系数 = 0.9392，说明模型的解释能力较强。同时，变量 lnFerntilizer 和 lnMachinery 的回归系数符号为正，P 值都小于 0.01，因此都在 1% 水平上显著，符合理论预期，结果见表 3-7。

表 3-7　模型（4）回归分析结果

Source	ss	df	MS	Number of obs = 26		
Model	2.38865763	2	1.19432881	F (2, 23) = 194.01 Prob > F = 0.0000		
Residual	0.141590975	23	0.006156129	R - squared = 0.9440		
Total	2.5302486	25	0.101209944	Adj R - squared = 0.9392 Root MSE = 0.07846		
lnProduction	Coef.	Std. Err	t	P > |t|	95% Conf.	Interval
lnFerntilizer	1.158352	0.2001964	5.79	0.000	0.7442139	1.572489
lnMachinery	0.3237398	0.0706267	4.58	0.000	0.1776372	0.4698423
_ cons	1.822008	0.3122849	5.83	0.000	1.175998	2.468019

因此，模型的回归方程可最终写为：

$$lnProduction = 1.822008 + 1.158352\ lnFerntilizer + 0.3237398 lnMachinery \quad (5)$$

从模型（5）可知，化肥和机械总动力的系数为正且显著，说明木薯化肥和机械是木薯产量增加的主要动力。机械总动力对木薯产量的影响最大，机械总动力每增加 1 个百分点，木薯产量增加 1.158 个百分点。这说明机械总动力在木薯增产过程中的重要作用，广西木薯要有较大幅度的增产，除了在品种和技术上不断进步外，也要大力增加机械总动力。

化肥使用量对木薯产量有一定影响，化肥使用量每增加 1 个百分点，木薯产量将增加 0.324 个百分点，说明化肥是木薯增产的第二大投入要素。但是值得注意的是，过度使用化肥不仅会造成严重的生态环境问题，而且还对土地造成严重破坏，这不利于木薯的长期增产。

综上可知，在土地和劳动力投入徘徊不前或下降的情况下，木薯产量和单产仍有较大的提升，说明木薯增长的方式已经由原来的土地、劳动力等投入要素增加带动产量增加的外延式增长，初步转变为由化肥、机械等现代生产要素带动的内涵式增长，木薯生产的集约化水平明显提升。

四、产量预测

（一）对历史数据的拟合

利用模型（5）对因变量的预测值进行拟合，并将观测值、拟合值和残差同时列表，如从表3-8可以看出，无论是木薯实际产量对数还是拟合产量对数，还是木薯实际产量和拟合产量都基本吻合。就木薯实际产量和拟合产量而言，在1990~2015年26年中，除了2005年、2007年和2008年其残差较大外，其他年份的残差都在6万吨左右变动，木薯产量观测值和拟合值基本一致，说明回归模型还是比较可靠的，因此可以用该模型对木薯未来产量进行预测。

表3-8　木薯实际产量和拟合产量比较表　　　　单位：万吨

年份	实际产量对数	实际产量（万吨）	拟合产量（万吨）	实际产量和拟合产量的残差（万吨）	拟合产量对数
1990	4.168	64.590	69.519	-4.929	4.242
1991	4.187	65.850	76.430	-10.580	4.336
1992	4.258	70.690	75.572	-4.882	4.325
1993	4.415	82.660	80.096	2.564	4.383
1994	4.564	95.950	87.181	8.769	4.468
1995	4.824	124.510	116.270	8.240	4.756
1996	4.861	129.120	128.431	0.689	4.855
1997	4.864	129.530	119.213	10.317	4.781
1998	4.815	123.390	118.679	4.711	4.776
1999	4.854	128.220	129.722	-1.502	4.865
2000	4.887	132.560	133.171	-0.611	4.892
2001	4.852	128.020	132.471	-4.451	4.886
2002	5.005	149.210	146.631	2.579	4.988
2003	4.940	139.730	150.197	-10.467	5.012
2004	5.027	152.470	162.745	-10.275	5.092
2005	5.157	173.610	144.278	29.332	4.972
2006	5.068	158.800	162.265	-3.465	5.089

续表

年份	实际产量 对数	实际产量 （万吨）	拟合产量 （万吨）	实际产量和拟合产量的 残差（万吨）	拟合产量 对数
2007	5.049	155.900	137.355	18.545	4.923
2008	5.041	154.670	137.952	16.718	4.927
2009	5.101	164.120	170.290	-6.170	5.138
2010	5.155	173.210	179.174	-5.964	5.188
2011	5.195	180.330	192.176	-11.846	5.258
2012	5.200	181.310	187.399	-6.089	5.233
2013	5.208	182.747	189.287	-6.540	5.243
2014	5.209	182.821	186.719	-3.898	5.230
2015	5.170	175.937	183.887	-7.950	5.214

另外，为了更直观地表现观测值和拟合值的拟合情况，可做图 3 - 9 表示。

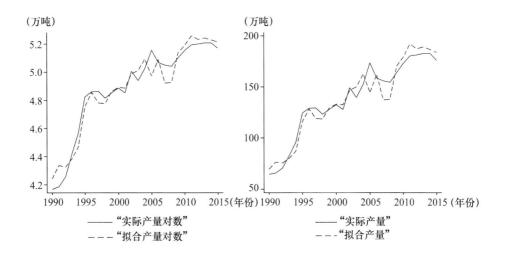

图 3 - 9　观测值和拟合值拟合图

（二）对 2016 ~ 2025 年产量预测

利用该回归模型对未来 5 年的产量进行预测，预测结果如表 3 - 9、图 3 - 10 所示。

从预测产量可以看出,未来 10 年内,木薯产量的总体趋势是上升的,到 2025 年有望达到 249.266 万吨,较之 2015 年年均增长可达 3.55%,基本延续 1990～2015 年的年均增长速度。但在 2016～2018 年木薯产量将出现一个下降阶段,从 2016 年的 197.619 万吨,然后缓慢下降到 2018 年的 167.451 万吨,然后快速增长到 2019 年的 205.046 万吨,增长幅度高达 22.45%,此后 2020 年、2021 年都有较大幅度增长,分别同比增长 7.5% 和 9.14%。但 2021 年后,木薯产量增长趋于平缓,基本稳定在 240 万吨左右。结合广西和国内对木薯市场的需求变化可以预测,未来广西木薯供给仍难以满足国内需求,国内木薯进口增加仍将是广西木薯产业需要面对的常态。

表 3－9　2016～2025 年广西木薯产量预测　　　　单位:万吨

年份	预测产量对数	预测产量(万吨)
2016	5.286	197.619
2017	5.069	159.004
2018	5.121	167.451
2019	5.323	205.046
2020	5.396	220.420
2021	5.483	240.561
2022	5.479	239.501
2023	5.502	245.272
2024	5.504	245.714
2025	5.519	249.266

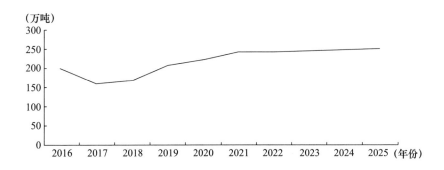

图 3－10　2016～2025 年广西木薯产量趋势图

第四章　广西木薯需求分析

第一节　广西木薯加工业情况

一、广西木薯加工业发展历程

广西从 1952 年成立第一家木薯加工企业至今，木薯加工业大致经历了起步（新中国成立后至改革开放）、扩张（改革开放至 20 世纪 80 年代中期）、发展（80 年代后期至 90 年代中期）、成熟（90 年代后期至 21 世纪初）、专业化（21 世纪初至今）五个阶段。本书是基于行业整体特点做出的上述阶段划分。需要注意的是，各阶段之间并不是绝对割裂的，而是相互联系、相互渗透的关系，比如在发展阶段，仍然有部分企业表现出扩张阶段的特征，但行业的整体特征已经表现为发展阶段（见表 4 - 1）。

（一）起步阶段

新中国成立后到改革开放，属于广西木薯加工业的起步阶段。新中国成立前广西木薯主要用作补充粮食和饲料，基本没有木薯加工业。广西木薯加工业在新中国成立后才真正起步。广西第一家木薯淀粉厂产生于 1952 年，当时梧州柴炭业在政府和海外华侨的资助下，转业兴办了九联生粉厂（后改为梧州市淀粉厂），开始部分地采用机器进行木薯加工。20 世纪 50 年代中后期，北海市、巴马

表4-1　广西木薯加工业发展史简表

发展阶段	年份	行业概况	企业数量	主要产品产量	代表事件	代表企业
起步阶段	1952年	广西第一家木薯淀粉厂成立，其所产"三角牌"木薯淀粉出口至中国香港、中国澳门、中东、东南亚及日本等地，颇受欢迎	1家	木薯淀粉：282吨	广西第一家木薯淀粉厂成立	梧州市淀粉厂
起步阶段	20世纪50年代中后期	北海市、巴马县、西江农场、宁明华侨农场，武鸣华侨农场等地相继建成有一定规模的淀粉厂	6家	1959年木薯粉：1.22万吨		
起步阶段	20世纪六七十年代	木薯淀粉产业发展停滞，产量大体停留在1万吨左右	10家左右	木薯淀粉：1万吨左右		
扩张阶段	20世纪80年代初中期	一方面，各种小型淀粉加工厂星罗棋布，使淀粉生产能力大大增加；另一方面，老厂引进国外设备，改进工艺，开始开发新产品	250家左右	1983年木薯淀粉：6万吨；1984年淀粉糖浆产量0.78万吨	①1984年梧州市淀粉厂从日本引进先进设备，并试制了变性淀粉。②1984年梧州、北海淀粉厂扩大了商品淀粉糖浆生产。③1987~1988年，广西共有5家淀粉企业全套引进泰国生产设备	梧州市淀粉厂、北海市淀粉厂
发展阶段	20世纪80年代中后期	淀粉企业改建、扩建生产线，逐步形成一些具有竞争力的企业，同时，一些规模小的企业遭到淘汰。在技术方面，吸收进口设备的优点，改良国产设备	200家左右	1988年木薯淀粉产量突破10万吨	①1986年横县马岭淀粉厂增加生产线，改进生产设备，使其效益大增。②1988年，武鸣华侨农场淀粉厂改造国产设备，将日产能力由20万吨提高至60万吨，同时还带动县、乡其他淀粉厂设备改造	横县马岭淀粉厂、武鸣华侨农场淀粉厂

续表

发展阶段	年份	行业概况	企业数量	主要产品产量	代表事件	代表企业
发展阶段	20世纪90年代初期	大企业注重扩产能，改进工艺，降低成本，开发新产品，提高品质，开始打造品牌。小企业不断转型升级或遭淘汰	180家左右	1993年木薯淀粉产量21万吨。酒精产量0.2万吨	①1991～1993年，北海市淀粉厂自主制造安装设备，大大节约生产成本。②1993年，明阳淀粉厂完成了年产3000吨酒精车间建设，生产酒精1470吨	北海淀粉厂、明阳淀粉厂
发展阶段	20世纪90年代中期	全面推广应用加工新技术，国产先进设备，产品进一步丰富，品牌进一步提升	200家左右	1995年木薯淀粉产量28.87万吨；酒精产量超5万吨	明阳淀粉加工总厂、锣圩淀粉厂等大工厂利用木薯渣、黄浆生产酒精或回收蛋白作饲料	明阳淀粉厂、锣圩淀粉厂
成熟阶段	20世纪90年代后期至21世纪初	企业改制，发展成为行业龙头。生产技术水平较高、生产能力较强的企业维持较多数量	200家左右	1998年木薯产量约30万吨	1997年明阳淀粉厂改制成为明阳淀粉化工股份公司，1998年发展成为全国最大的淀粉化工厂	明阳化工股份公司
专业化阶段	21世纪初期至今	木薯加工企业减少，大企业增加，木薯加工系列产品增加，代表性的产品为木薯酒精、木薯淀粉、木薯酒精乙醇等	100家左右	2014年，木薯原淀粉37万吨；木薯变性淀粉63万吨，燃料乙醇20万吨	2006年，国家发改委批准建设广西中粮20万吨燃料乙醇项目试点工程，2007年开始投产	广西中粮生物质能源有限公司

资料来源：根据历年《广西年鉴》等资料整理。

县、西江农场、宁明华侨农场、武鸣华侨农场等地相继建成有一定规模的淀粉厂。全区淀粉产量从 1952 年的 282 吨增加到 1959 年的 12275 吨。20 世纪六七十年代，因为农业经营制度的大变迁以及政治因素对农业生产造成干扰，木薯淀粉产业发展停滞，产量大体停留在 1 万吨左右。

（二）扩张阶段

随着改革开放，国家重新回到以经济建设为中心的轨道上，广西木薯加工业也乘着改革开放的东风，如雨后春笋般迅速发展。改革开放后至 80 年代中期可以归结为广西木薯产业的扩张阶段。这一阶段，农村淀粉加工业异军突起，大量的小型木薯淀粉加工厂建立投产，木薯淀粉产能大大增加。1983 年，广西已有淀粉生产厂 284 家，1985 年，淀粉企业增至 250 多家，木薯淀粉加工能力由改革开放前的 1 万吨发展到 1983 年的 6 万吨。同时，一些老的淀粉加工厂纷纷引进国外先进设备，改进生产工艺，开始开发新的产品。比如广西最老的淀粉厂——梧州市淀粉厂从日本引进了淀粉分离机、除砂器、曲筛等先进设备，调整了工艺结构，使淀粉收得率提高了 5% 以上。该厂于 1983 年试制成功变性淀粉，1984 年通过了技术鉴定。梧州、北海淀粉厂扩大了商品淀粉糖浆（葡萄糖浆）生产，主要用于糖果工业。两市淀粉糖浆产量 1984 年达到 7800 吨，产量约占广西商品量的 80% 以上。

（三）发展阶段

20 世纪 80 年代中期到 90 年代中期，属于广西木薯加工业的发展阶段。这一阶段，木薯加工业呈现出以下四个特点：

一是在市场竞争加剧，一些规模小、效益差的工厂要么被迫转型升级，要么遭到淘汰，同时，大的木薯加工企业不断改建、扩建生产线，逐步形成一些具有竞争力的企业。比如 1986 年，广西有木薯淀粉厂 300 多家，到了 90 年代中期下降到 200 家左右。而一些淀粉厂如武鸣华侨农场淀粉厂、明阳农场淀粉厂等通过不断地改建、扩建生产线，改进工艺，降低成本，逐步发展成为行业的代表企业。

二是在生产技术、工艺设备上由依靠进口，转为吸收进口设备的优点，改进推广国产设备。比如 1988 年武鸣华侨农场淀粉厂，改造了国产设备的清洗、碎解、脱水、烘干等工艺，并选用国内其他厂家的分离及曲筛设备，从而实现了清洗、碎解、筛分、分离、脱水、干燥等全部工序连续化生产，从原来日产 20 吨提高到日产 60 吨。此外，该厂还利用其本身经验先后为县、乡改造了 6 个日产 20～30 吨的淀粉厂，这是真正意义上的广西淀粉工业本土化改造。

三是木薯加工企业开始注重降本增效，提高品质，打造品牌。多种新工艺以及国产先进设备普遍被淀粉行业的骨干企业采用，吨淀粉鲜薯原料平均耗损降低、商品淀粉回收率提高、煤耗水耗降低、产品品质提高。1991 年，北海市淀粉工业总厂扩建了一条鲜薯加工生产线，自己制造、安装设备，节约费用 50 万元以上，当年 10 月正式投产并达到万吨生产能力，变单一的干片生产为干鲜木薯相结合的生产方式，由原来日产淀粉 10～15 吨提高到 30～33 吨，月产糖浆由原来的 320 吨上升至 450 吨，糖浆的脱色剂由吨耗 25.1 公斤降至 18.6 公斤，仅此一项节约费用就达 3.8 万元。

四是木薯的综合利用和变性淀粉的研制工作取得了可喜成绩。1986 年，醋酸淀粉脂、磷酸淀粉脂，阳离子淀粉酸变性淀粉、酶变性淀粉、醋酸淀粉浆料、甘露醇等一批木薯综合利用新技术通过了技术鉴定。1992 年，明阳淀粉厂投资新建一座年产 3000 吨的酒精车间，开始木薯酒精生产。宾阳县四达变性淀粉厂研究开发的 CS 阳离子淀粉，是关系首家采用化学、干法研制生产的季胺型阳离子变性淀粉新产品，该产品每生产一吨可获利润 600 元以上。这一阶段，多家淀粉厂的产品被评为自治区优质产品。

（四）成熟阶段

以 1997 年的明阳农场淀粉厂成功改制为明阳化工股份公司，发展成为行业龙头企业为标志，广西木薯加工业进入了成熟阶段。这一阶段，广西木薯加工技术已经达到国内领先水平，生产能力较强的企业维持较多数量，木薯淀粉、酒精等产量已经占到全国半壁江山以上。1997 年，广西木薯加工骨干企业——明阳淀粉化工厂改制成为明阳淀粉化工股份公司，建立健全质量管理体系，顺利通过中国方圆标志认证委员会质量认证中心的 ISO9000 质量认证，同时公司还与广西大学联合成立明阳淀粉化工工程技术中心。2000 年末，全自治区木薯淀粉加工厂发展到 300 多家，其中生产技术水平较高的有 30 余家，其年生产能力 2 万～6 万吨的有 6 家。

（五）专业化阶段

21 世纪初至今，广西木薯加工业出现了专业化的趋势，企业的产品专业化程度明显提高，进入专业化阶段。现阶段，木薯淀粉生产、酒精生产、燃料乙醇生产已经高度专业化、规模化，同时还出现了木薯休闲食品加工的趋势。2006年，为推动广西木薯生物质能源产业发展，国家发改委批准建设广西中粮 20 万吨燃料乙醇项目试点工程。同年 11 月 8 日，该工程在合浦县工业园开工建设，2007 年建成投产。2014 年，广西有木薯原淀粉企业 60 多家，生产木薯原淀粉36.99 万吨，约占全国总量的 70%；木薯变性淀粉企业 8 家，生产木薯变性淀粉62.91 万吨，比 2015 年增长 93.75%；木薯酒精企业 8 家，生产木薯酒精 40.55万吨，产值 20.28 亿元。除了产品生产的专业化，大型木薯加工企业还积极响应国家的"走出去"发展战略，拓展海外市场或基地。其中，广西明阳进出口贸易有限公司是明阳生化集团实施"走出去"战略的重要子公司，该公司的主要业务分成两块：一是建设海外基地，确保国外大宗原材料的采购能够顺利进行；二是积极抢占市场，大力拓展海外市场，逐步具有国际影响力，打造在国际市场上的优势地位。目前，该公司"走出去"战略已取得初步成效，在东南亚国家的项目进展基本顺利，多个越南、泰国等国的木薯种植基地、淀粉加工厂等项目已经投入运行。

二、广西木薯加工业现状

广西木薯加工业虽然起步较晚，但是发展较快，目前已经进入高度成熟的专业化生产阶段。据统计，目前全区木薯淀粉生产企业 60 多家，产量约 40 万吨，占全国淀粉总产量的 70% 以上；木薯变性淀粉生产企业 10 家，产量超 60 万吨，占全国变性淀粉总产量近 20%；木薯酒精生产企业 8 家，产量超过 40 万吨，木薯酒精产量居全国首位。另外，其他木薯深加工产品如柠檬酸、冰醋酸、山梨醇、甘露醇等在全国也占有重要比例。燃料乙醇生产方面，全国三大燃料乙醇项目之一的中粮集团合浦县燃料乙醇项目 2006 年建设，次年投产，产能已经达到预期的 20 万吨/年。

广西重视木薯科研开发工作，早在 20 世纪 80 年代，政府、企业就进行了一定规模的木薯产品开发工作。产品开发力度较大的是明阳淀粉化工集团，该集团

80 年代陆续开发生产了木薯酒精、变性淀粉等系列产品。1997 年企业改造后,专门成立研发中心开展木薯产品与技术研发。目前,全区木薯加工系列产品已达近百个,获国家专利 10 多项,有 10 多项科技成果获得省部级科技进步奖,其中有些科技成果达到国际先进水平和国内领先水平。

第二节　广西木薯销售及贸易情况

一、广西木薯产品销售

(一) 鲜木薯销售

广西是全国最大的木薯产地,种植面积及产量达到全国比重的 70% 左右。目前,广西的木薯种植面积长年保持在 400 万亩左右,鲜薯产量大约 500 万吨。鲜薯大部分都是销往木薯加工企业,作为木薯淀粉、酒精等木薯产品的原料,还有部分是做成干片用于饲料。每年大约有 50% 的鲜木薯卖到淀粉加工厂,20% 左右的鲜木薯卖到酒精加工厂,20% 的鲜木薯用于饲料。如此大的鲜薯产量带动了本地木薯加工企业的发展。随着木薯加工企业与产地的紧密结合,进一步便利了鲜薯的销售。农民既可以直接将收获的木薯拉到加工企业销售,也可以通过合作社、中间收购商等中介销往加工企业,还有的是加工企业定点收购。1990/1991 ~ 2015/2016 年榨季广西鲜木薯收购平均价格如表 4 - 2 所示。

表 4 - 2　1990/1991 ~ 2015/2016 年榨季广西鲜木薯收购平均价格

年份	平均价格 (元/吨)	年份	平均价格 (元/吨)
1990/1991	250	2003/2004	420
1991/1992	270	2004/2005	435
1992/1993	280	2005/2006	455
1993/1994	290	2006/2007	470
1994/1995	300	2007/2008	495
1995/1996	320	2008/2009	460
1996/1997	350	2009/2010	550

续表

年份	平均价格（元/吨）	年份	平均价格（元/吨）
1997/1998	360	2010/2011	600
1998/1999	370	2011/2012	600
1999/2000	380	2012/2013	550
2000/2001	410	2013/2014	560
2001/2002	400	2014/2015	560
2002/2003	420	2015/2016	420

资料来源：根据中国淀粉网、何晶：《广西木薯产业发展研究》相关数据整理。

　　一个榨季内，鲜木薯收购价一般会随着市场需求情况在一个区间内波动，为了统计便利，本书参考中国淀粉网、何晶《广西木薯产业发展研究》等的相关数据，取鲜木薯收购平均价格分析木薯市场需求情况。1990/1991 年至 2007/2008 年榨季，广西鲜木薯收购价格整体处于向上趋势（见图 4 - 1）。这主要因为自 20 世纪 90 年代以来，广西木薯加工业由发展期到成熟期，整体产能在增大，加上国内工业加快发展，对木薯加工品需求增强，市场形成了鲜木薯原料的持续旺盛需求。2007/2008 年榨季之后，广西鲜木薯收购价格波动加剧，有升有降，升级频繁。这叫能是因为货币超发通货加剧以及经济周期波动所致。

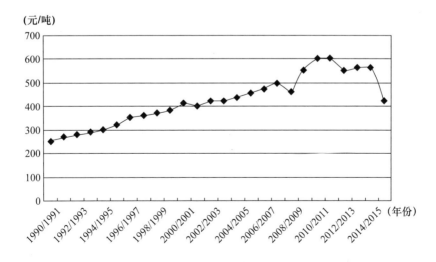

图 4 - 1　1990/1991 ~ 2015/2016 年榨季广西鲜木薯收购价格趋势

（二）加工品销售

1. 加工品品牌发展

根据《广西年鉴》对广西木薯工业品牌的记载，广西最早的木薯加工品品牌是梧州市淀粉厂生产的"三角牌"木薯淀粉，曾出口至中国香港、中国澳门、中东、东南亚及日本等地，颇受欢迎。随着木薯淀粉企业竞争的加剧，一些大企业通过改进工艺，提升产品品质，注重品牌打造，希望依托品牌占据市场份额。1987年，在全区淀粉生产质量评比中，武鸣华侨淀粉厂、明阳农场淀粉厂的一级木薯淀粉被评为自治区优质产品。1990年，北海市淀粉工业总厂海洋牌一级木薯淀粉及西江农场食品厂南山牌木薯淀粉荣获自治区优质食品奖。1994年，长龙牌、南山牌、桂华牌、锣皎牌木薯淀粉被评为自治区名牌食品。1995年被评为自治区名牌产品的有三角牌木薯淀粉和潭峰牌氧化淀粉，评为自治区优质产品的有潭峰牌酸鲜淀粉，三宝牌、宁泰牌木薯淀粉。1997年，明阳淀粉化工厂改制成为明阳淀粉化工股份公司，专门建立了质量管理体系，并顺利通过中国方园标志认证委员会质量认证中心的ISO9000质量认证。目前，广西以木薯为原料的产品有变性淀粉、酒精、味精、赖氨酸、山梨醇、甘露醇、葡萄糖、果糖、柠檬酸等系列产品近百个，但仍缺乏知名度高、影响力大的知名品牌。

2. 加工品主要市场

广西木薯加工业基础好，产品丰富，品质高，很受市场欢迎。广西木薯加工品除了满足本地企业需要外，主要销往国内市场，众多的产品广泛应用于食品、医疗、纺织、造纸等行业。同时，广西淀粉企业还积极出口创汇。广西第一个木薯淀粉产品梧州市淀粉厂"三角牌"淀粉就出口至东南亚和日本等地。现在有更多的产品如木薯变性淀粉、酒精等出口到更为广阔的国际市场。2007年广西第一个燃料乙醇项目——中粮集团合浦县燃料乙醇项目建成投产，所产燃料乙醇主要作为燃料添加剂直接按一定比例添加到石油燃料中，其主要供应广西市场。

二、广西木薯产品贸易

广西木薯加工品如淀粉、酒精等主要供应国内市场，少量出口东南亚、东亚及俄罗斯等地。与此不同的是，广西木薯加工进口了大量原料。随着木薯加工业持续发展壮大，尤其是燃料乙醇的生产规模扩大，对木薯原料需求旺盛。但是，农作物生产结构调整，一些生产效益更优的作物如甘蔗、水果等不断地挤占木薯种植空间，导致广西木薯种植面积难以扩大，产量难以保障。同时，国外一些木薯生产国加大了木薯种植扶持，木薯产量增加，且有价格优势。广西木薯加工企业不得不通过进口来解决原料不足的问题。进口的产品主要包括木薯干片和木薯淀粉。

（一）进出口规模

广西是中国最大的木薯加工区，加工品产量占全国产量的70%以上，因此，在难以获取广西木薯进出口数据的情况下，从分析中国木薯进出口数据以侧面反映广西木薯进出口情况。

鲜木薯及木薯干片是生产木薯淀粉、酒精等产品的重要原料。20世纪90年代初，我国木薯淀粉工业规模尚小，无法完全消化鲜木薯原料，因此，部分鲜木薯被加工成木薯干片出口，出口规模一度超过30万吨（4000万美元）。然后，随着我国木薯加工业的发展壮大，木薯干片进出口从1994年起转为净进口。1994年之后，木薯干片出口规模变得非常小，而进口规模逐年增加，进口规模由1994年的10.76万吨增加到2015年的937.64万吨，20年增长了90多倍，见表4-3。

表4-3　1992～2015年中国鲜干木薯进出口情况

年份	出口		进口	
	万美元	万吨	万美元	万吨
1992	4046.77	31.64	1695.50	22.99
1993	2438.13	22.59	983.06	13.47
1994	349.28	4.35	860.44	10.76
1995	22.65	0.16	6768.67	45.73
1996	9.73	0.00874	1312.82	8.02
1997	5.99	0.00783	2706.00	27.83
1998	1.21	0.00184	3171.77	30.05
1999	6.59	0.02680	3787.50	37.27
2000	1.87	0.00264	2206.51	25.66
2001	1.17	0.00105	15330.07	195.00
2002	1.84	0.00447	14296.42	176.03

年份	出口		进口	
	万美元	万吨	万美元	万吨
2003	0.73	0.00094	19467.25	236.83
2004	2.83	0.00350	34380.32	344.21
2005	0.40	0.00123	42082.56	333.54
2006	3.05	0.02638	62044.54	495.04
2007	1.86	0.01210	65921.77	461.91
2008	2.62	0.03089	39065.13	197.63
2009	—	—	88875.78	610.72
2010	0.08	0.00002	120477.60	576.27
2011	0.61	0.00110	138801.68	502.62
2012	3.91	0.01040	178308.89	713.77
2013	0.66	0.00043	182814.65	738.83
2014	0.86	0.00076	211149.03	865.05
2015	1.23	0.00134	211974.07	937.64

资料来源：根据联合国贸易数据库网站数据整理而得。

在木薯淀粉进出口方面，木薯淀粉进口一直维持在低位，1998 年之前有几千吨的出口量，1998～2012 年，木薯淀粉出口量仅有几百吨，近几年开始回升到 2000 吨左右。而截然不同的是木薯淀粉出口，1992 年以来，我国木薯淀粉出口呈现不断增加的趋势，出口量由 1992 年的 0.71 万吨增加到最高时（2014 年）的 190.64 万吨，增长了 268 倍；出口额增长 383 倍，见表 4 - 4。这与我国木薯淀粉加工业的迅速发展，木薯淀粉产量增加是密不可分的。

表 4 - 4　1992～2015 年中国木薯淀粉进出口情况

年份	进口		出口	
	万美元	万吨	万美元	万吨
1992	165.52	0.68	217.76	0.71
1993	90.88	0.37	611.27	1.94
1994	104.02	0.32	619.69	2.06

续表

年份	进口		出口	
	万美元	万吨	万美元	万吨
1995	95.51	0.26	1686.52	4.14
1996	37.19	0.11	1601.41	3.64
1997	164.57	0.26	1261.58	3.73
1998	18.91	0.05	884.71	3.24
1999	14.60	0.04	1874.72	8.11
2000	11.12	0.04	2113.27	10.50
2001	12.14	0.03	3217.43	17.87
2002	12.54	0.03	6268.85	32.90
2003	10.61	0.02	9713.80	53.99
2004	15.19	0.04	14231.98	72.47
2005	17.62	0.03	11767.90	46.73
2006	19.62	0.04	17644.75	77.29
2007	29.91	0.06	17387.19	62.48
2008	24.40	0.03	17246.18	46.29
2009	23.89	0.05	23848.27	83.20
2010	12.46	0.02	33073.02	73.46
2011	40.33	0.05	45129.35	86.78
2012	134.92	0.06	46764.64	103.58
2013	98.92	0.12	67032.28	142.14
2014	171.72	0.21	83577.45	190.64
2015	157.56	0.18	78112.76	182.00

资料来源：根据联合国贸易数据库网站数据整理而得。

（二）进口结构

我国木薯进出口产品主要是木薯原料即木薯干片，以及木薯淀粉。以贸易额为计算依据，分别计算木薯产品的进出口结构。结果显示（见表4-5），在出口产品结构方面，1992年、1993年、1994年以木薯干片出口为主，1995年之后以木薯淀粉出口为主,近几年木薯淀粉出口额比重维持在99%以上。这反映了我国木薯淀粉加工工业在90年代以来取得了快速发展。

在进口产品结构方面,以木薯干片进口为主,木薯干片进口额长期占到木薯产品进口总额的70%以上,说明了我国木薯加工企业原料需求较旺。木薯淀粉进口占比最高的是2000年,达48.92%,最低的是1992年,为11.38%,见表4-5。说明我国木薯淀粉需求大,国内产量难以满足国内需求,需要通过进口加以调节供给平衡。

表4-5 1992~2015年中国木薯进出口结构情况 单位:%

年份	出口结构		进口结构	
	木薯干片	木薯淀粉	木薯干片	木薯淀粉
1992	96.07	3.93	88.62	11.38
1993	96.41	3.59	61.66	38.34
1994	77.05	22.95	58.13	41.87
1995	19.17	80.83	80.05	19.95
1996	20.74	79.26	45.05	54.95
1997	3.51	96.49	68.20	31.80
1998	6.01	93.99	78.19	21.81
1999	31.10	68.90	66.89	33.11
2000	14.40	85.60	51.08	48.92
2001	8.79	91.21	82.65	17.35
2002	12.80	87.20	69.52	30.48
2003	6.44	93.56	66.71	33.29
2004	15.70	84.30	70.72	29.28
2005	2.22	97.78	78.15	21.85
2006	13.45	86.55	77.86	22.14
2007	5.85	94.15	79.13	20.87
2008	9.70	90.30	69.37	30.63
2009	0.00	100.00	78.84	21.16
2010	0.64	99.36	78.46	21.54
2011	1.49	98.51	75.46	24.54

年份	出口结构		进口结构	
	木薯干片	木薯淀粉	木薯干片	木薯淀粉
2012	2.82	97.18	79.22	20.78
2013	0.66	99.34	73.17	26.83
2014	0.50	99.50	71.64	28.36
2015	0.77	99.23	73.07	26.93

资料来源：根据联合国贸易数据库网站数据整理而得。

（三）进口来源

20 世纪 90 年代后，我国木薯产品以进口为主，出口量已经很少。进口产品无论是木薯干片还是木薯淀粉，主要来自东南亚的泰国、越南等国。以木薯干片进口为例，2012 年我国进口木薯干片进口 713.77 万吨，其中来自泰国和越南的分别占 68.12%、30.95%。再以木薯淀粉进口为例，2012 年我国木薯淀粉进口 103.58 万吨，其中来自泰国和越南的分别占 57.43% 和 41.35%。

第三节　广西木薯需求预测

广西木薯主要用于工业加工，其需求量主要取决于木薯加工企业的需求量，木薯加工企业对木薯的需求量取决于市场对木薯加工品的需求能力。目前，广西木薯加工品已发展到近百种，但仍以木薯淀粉、木薯酒精为主。

一、木薯淀粉市场需求及预测

国内淀粉主要包括玉米淀粉、马铃薯淀粉和木薯淀粉等，因为木薯淀粉的诸多优良特性，使其在诸多淀粉中脱颖而出，受到淀粉需求行业企业的青睐，市场需求日益增长。木薯淀粉主要用于加工粉丝和变性淀粉，据有关资料估算，目前我国木薯淀粉市场需求量在 250 万～300 万吨，而我国木薯淀粉产量只有 100 万吨左右，还存在150万~200万吨的市场缺口，只能依靠大量进口满足市场需求。

从中国淀粉工业协会统计数据来看（见表4-6），淀粉糖是淀粉最大的需求行业，占淀粉需求量的60%，医药、变性淀粉、啤酒、化工、食品、造纸等行业对淀粉的需求量比较均衡，需求量合计约占淀粉消费量的40%，约有1%的消费量由其他行业消费。

表4-6　各行业对淀粉的需求情况

行业	2014年1月		2015年1月		2016年1月	
	需求量（吨）	所占比例(%)	需求量（吨）	所占比例(%)	需求量（吨）	所占比例(%)
淀粉糖	92	61	99	61	105	61
医药	13	9	15	9	11	6
变性淀粉	8	5	9	6	11	6
啤酒	13	9	12	7	13	8
化工	6	4	8	5	9	5
食品	9	6	8	5	12	7
造纸	7	5	9	6	9	5
其他	2	1	2	1	2	1

资料来源：根据中国淀粉工业协会网数据整理。

长期以来，我国形成以蔗糖为主，淀粉糖为辅的食糖结构。随着淀粉加工工业改进，加工成本降低，产品质量提升，淀粉糖逐步发展成为我国食糖的重要补充，淀粉糖作为淀粉深加工的支柱产品，广泛用于食品、糖果、医疗、造纸等行业。随着我国由低收入国家逐步发展成为中等收入国家，人民生活水平提高，对食品、医疗、糖果、啤酒等产品的需求也在不断地增长。在蔗糖供给越来越难以增加的情况下，市场的空缺需要淀粉糖补上。20多年来，一方面我国淀粉生产规模不断增加，另一方面我国淀粉进口量不断增加（见图4-2），说明了国内淀粉市场需求的不断增强。

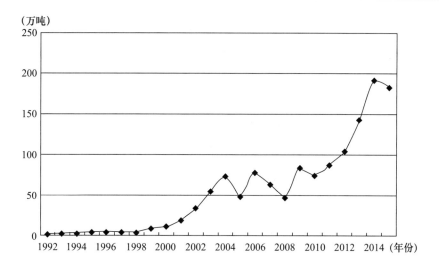

图 4 - 2　1992 ~ 2014 年我国淀粉进口趋势

变性淀粉是木薯淀粉的主要加工品，我国变性淀粉的应用领域除造纸、纺织、食品、医药、水产饲料、建材、铸造等工业部门外，应用范围不断拓展，已经渗透到日用品、化妆品、陶瓷、塑料、采矿、煤炭、石油等新型领域。同时，随着快餐食品、糖果、饮料、糕点、熟肉制品等需要食品用变性淀粉的行业快速发展，食品用变性淀粉的需求也在不断增加。可以预见，在宏观上，我国经济发展虽已进入新常态，但仍然保持较长时期的中高速增长，经济规模还会进一步增加，淀粉国内需求保持适度增长可期；中观上，随着国民经济持续发展，食品、医疗、饮料、食糖等一系列关系国计民生的淀粉相关行业将会持续壮大；微观上，淀粉需求企业以及居民家庭对淀粉及其相关产品的需求将会进一步持续增加。因此，本书对淀粉市场的未来需求保持乐观预测。在工业用变性淀粉和食品用变性淀粉需求的不断增加，以及木薯淀粉应用范围进一步拓展的情况下，预计到 2020 年，国内木薯淀粉需求量将到达 350 万吨左右，国内供给能力在 150 万吨左右，市场缺口达到 200 万吨左右。

二、木薯酒精市场需求及预测

食用酒精是木薯加工的第二大产品。我国食用酒精广泛用于白酒行业，食用酒精主要来自玉米、木薯和蔗糖，其中以玉米食用酒精为主，占食用酒精的60%左右，其次是木薯酒精，占食用酒精约30%，剩下10%来自蔗糖加工。1993年，广西只有个别企业生产木薯酒精，木薯酒精产量不足5000吨。2015年，广西木薯酒精企业已超过10家，产量超过了40万吨，产量增长了80倍。一方面，是因为整个食用酒精行业规模变大，另一方面，也是更主要的原因，20世纪90年代以来，随着木薯酒精加工工艺的改进，生产成本下降，产品质量提升，木薯酒精占市场份额逐步增加。

中国—东盟自贸区的建成，中国与东盟签订"早期收获"计划，木薯产品进口实现零关税，更加便于广西木薯酒精加工企业从东南亚的泰国、越南、印度尼西亚等木薯生产大国进口木薯原料加工木薯酒精。可以预见，随着人们生活水平的提高，食用酒精的需求量还会增加。在农业供给侧结构改革的背景下，食用酒精的主要原料——玉米的种植规模将会进一步缩减，原料之一的蔗糖料的规模难以扩大，这就为木薯食用酒精提供了更大的市场份额。

预计到2020年，国内每年需要约800万吨的工业酒精和食用酒精，虽然可以制造酒精的作物很多，如马铃薯、甘薯、玉米、小麦、甘蔗等，但用木薯生产酒精具有工艺简单、成本低廉等优点，因而木薯制造酒精市场前景很被看好。

三、燃料乙醇市场需求及预测

燃料乙醇是一种高浓度的可作为燃料的乙醇，其经变性后跟汽油按一定比例混合制成车用乙醇汽油。燃料乙醇不仅是一种燃料，还是一种优良的燃料品改善剂，它能增强燃料内氧，使燃料燃烧得更加充分，从而达到环保和经济的目的。燃料乙醇的主要原料是高粱、玉米、木薯、海藻等。可见，燃料乙醇是一种可再生能源。我国是人口大国，粮食压力大，不具有用玉米等粮食作物大规模生产燃料乙醇的条件，需要从木薯等非粮作物入手，发展燃料乙醇产业。目前，我国最主要的燃料乙醇项目有广西的木薯燃料乙醇、内蒙古的甜高粱燃料乙醇和山东的木糖渣燃料乙醇等非粮试点项目。其中，广西的木薯燃料乙醇即中粮集团合浦县燃料乙醇项目，建于2006年，投产于2007年，目前年产燃料乙醇20万吨，全部供应广西市场。

目前，燃料乙醇的最大生产国是美国，占全球燃料乙醇总产量的近60%；

其次是巴西，产量占全球燃料乙醇总产量的28%；产量第三的是欧盟，产量约占全球燃料乙醇总产量的5%。我国燃料乙醇生产起步晚，规模小，占世界燃料乙醇市场的份额很低。但随着人们对生态环境的重视和燃料乙醇的低成本优势，燃料乙醇作为一种清洁的可再生能源，展现出广阔的发展前景。据统计，近10年来，全球燃料乙醇产量快速增长，由2007年的131亿加仑增加到2015年的255.8亿加仑，8年增长了近1倍。我国燃料乙醇项目还处于中试阶段，产量增长较慢，2010年产量为187万吨，2015年增加到230万吨，增长了23%。

可以预测，作为一种清洁、可再生能源，燃料乙醇的市场前景非常广阔。随着我国燃料乙醇生产技术的进步和生产成本的降低，我国燃料乙醇产量会逐步提升，对木薯这一主要非粮原料的需求量也会进一步增加。

四、木薯饲料及其他加工的市场需求

木薯历来是饲料的重要原料，在禽畜、水产饲料中，一般按一定比例加入木薯颗粒，以提高饲料的营养价值和黏结度。畜禽产品和水产品是居民生活必不可少的能量来源，有学者指出，除了粮食生产本身对中国的粮食安全起到保障作用，通过畜禽、水产业的发展，用肉制品部分替代粮食消费，以此减少对粮食的直接消费，也起到了保障国家粮食安全的重要作用。随着我国步入中等收入国家行列，居民消费水平不断提升，对畜禽及水产品的需求将会进一步增加，从而刺激畜禽业和水产业的发展，木薯饲料的需求也会增加。有专家估计，我国目前每年木薯饲料需求量在500万吨左右，未来还有进一步增长的趋势。

另外，随着木薯产品用途的开发深入，木薯及其制品的应用领域将会进一步拓展。例如，目前出现了以木薯为原料加工创意食品的趋势。

第五章　泰国、越南和广西木薯产业的比较

第一节　泰国和越南在世界木薯生产和贸易中的地位

一、泰国和越南在世界木薯生产中的地位

泰国和越南都是世界木薯生产的主要国家，但在世界木薯生产中的地位又有明显的差异。如表 5-1 所示，2014 年世界木薯播种面积排名前十的国家中，泰国以 134.90 万公顷位居世界第四，仅次于尼日利亚、刚果和巴西，而且除了与泰国木薯在世界木薯第一生产大国尼日利亚的相差较大外，泰国与刚果、巴西的播种面积相差不大，都在 130 万公顷以上，远超印度尼西亚以外的其他国家，即世界木薯生产的前五位国家控制了世界绝大部分木薯的播种面积。而越南由于国土面积狭小，木薯播种面积未能进入前十。2014 年世界木薯产量排名前十的国家中，泰国超越播种面积排在它前面的刚果和巴西，以 3002.21 万吨排世界第二，越南的产量方面的超越则更加明显，以 1020.99 万吨排在世界第七，远远超过在播种面积的世界排名。这主要得益于两国较高的单产，由表 5-2 可知，泰国木薯单产为 22.26 吨/公顷，越南则为 18.47 吨/公顷，虽然和单产最高的前五个国家和地区（印度、库克群岛、苏里南、老挝、柬埔寨）仍有一定差距，但已

表5-1　2014年世界木薯播种面积、产量排名前十的国家

单位：万公顷，万吨

国家和地区	播种面积	国家和地区	产量
尼日利亚	710.23	尼日利亚	5483.16
刚果	181.27	泰国	3002.21
巴西	156.83	印度尼西亚	2343.64
泰国	134.90	巴西	2325.35
印度尼西亚	100.35	加纳	1652.40
加纳	88.90	刚果	1468.33
莫桑比克	87.03	越南	1020.99
乌干达	85.20	柬埔寨	832.51
坦桑尼亚	80.05	印度	813.94
安哥拉	75.59	安哥拉	763.89

资料来源：FAO统计数据库。

表5-2　2014年世界木薯主要国家和地区木薯单产情况

单位：吨/公顷

国家和地区	单产	国家和地区	单产
印度	35.66	尼日尔	20.01
库克群岛	30.07	加纳	18.59
苏里南	27.96	越南	18.47
老挝	26.95	牙买加	18.39
柬埔寨	25.24	波利尼西亚	18.12
印度尼西亚	23.35	马来西亚	17.02
中国台湾	23.22	巴拉圭	17.00
巴哈马群岛	22.51	文莱	16.71
马拉维	22.50	中国	16.28
泰国	22.26		
马拉维	20.65		

资料来源：FAO统计数据库。

普遍高于刚果、巴西、加纳、莫桑比克等播种面积较大的国家和地区，加上一定的种植规模，两种木薯产量因此能排在世界前列。可见，在土地资源有限的情况下，依靠科技提高单产是增加木薯生产的主要途径。值得注意的是，中国单产仅为 16.28 吨/公顷，不仅远低于印度、库克群岛等，而且低于柬埔寨、泰国和越南等东盟国家。因此，中国提高单产的任务十分紧迫。

二、泰国和越南在世界木薯贸易中的地位

泰国和越南不仅是世界上重要的木薯生产国，而且是世界木薯最主要的出口国。由表 5-3 可知，2013 年，各国干木薯出口总量为 784.34 万吨，其中，泰国出口量最大，达到 581.69 万吨，占比 74.16%，出口额达 131764.6 万美元，是世界上最主要的木薯供应国。其次是越南，出口量为 168.96 万吨，占世界总出口的 21.54%，出口额为 36371 万美元。泰国和越南出口木薯之和占到世界木薯出口的 95.7%，其他国家占比不足 5%，是世界上最主要的木薯供应国，控制着世界木薯市场的供给。但由于泰国的木薯出口远高于越南，因此泰国在世界木薯市场的影响力远远大于越南。

表 5-3　2013 年木薯干主要出口国家和地区出口量和出口额

单位：万吨，万美元

国家和地区	出口量	出口额
泰国	581.69	131764.6
越南	168.96	36371
印度尼西亚	12.70	3211.1
哥斯达黎加	9.11	6528.3
柬埔寨	6.00	1359.4
荷兰	0.67	1347.6
斯里兰卡	0.30	166.5

资料来源：FAO 统计数据库。

借助靠近中国的地理优势，泰国和越南将中国市场视为出口的最主要市场，由此加大了对中国的出口，从而导致中国成为世界上最主要的木薯进口国。由表

5－4可知，在进口方面，2013 年各国木薯进口总量为 868.71 万吨。其中，中国 2013 年木薯干的进口额为 182814.7 万美元，进口量高达 738.828 万吨，占到世界木薯进口总量的 66.97%。进口总量排在世界第二的韩国进口量仅为 57.744 万吨，不到中国的 1/10，其他如欧美国家进口数量的总和都低于中国一国的进口。由此可知，在国内木薯生产不能满足国内需求的情况下，中国木薯对外依存度极高，对泰国和越南的木薯依赖性较大。

表 5－4　2013 年木薯干主要进口国家和地区进口量和进口额

单位：万吨，万美元

国家和地区	进口量	进口额
中国	738.828	182814.7
韩国	57.744	13109.2
泰国	47.2875	6368.7
美国	9.3382	6897.6
卢旺达	2.9936	230.1
日本	2.8687	736.1
菲律宾	1.5877	555.3
巴西	1.1263	100.7
荷兰	1.0857	1170.8
土耳其	1.0171	219.3

资料来源：FAO 统计数据库。

第二节　广西、泰国、越南木薯产业优势对比分析

泰国位于中南半岛中南部，国土面积 51.3 万平方公里，与柬埔寨等东南亚国家接壤，东南临泰国湾（太平洋），西南濒安达曼海（印度洋）。无论海上还是陆上都未与中国相连。属热带季风气候，全年分为热、雨、凉三季，年平均气

温27℃。泰国自然条件十分适宜木薯生长，是世界上重要的木薯生产国和出口国，在世界木薯市场上占有重要地位。据 FAO 统计，2014 年，泰国木薯产量达3002.21 万吨，居世界第二位；木薯出口 68.03 万吨，居世界第一位，占世界木薯市场的 79.56%。泰国主要的出口市场是中国，每年向中国出口大量木薯干片。

越南位于中南半岛东部，国土面积 32.9 万平方公里，北与中国云南、广西两省接壤，东面和南面面临南海，与中国海陆相连，交通十分便利。地势西高东低，山地和高原居多，平原面积狭小，仅占国土面积的 1/4。国内河流众多，红河和湄公河是其主要河流。越南属热带季风气候，高温湿热、降水充沛。气候有明显的区域性，北方四季分明，南方则分雨、旱两季。多年来，中国一直是越南最主要的木薯出口市场，仅 2014 年，越南近 85% 的木薯及制品就输往中国，同比增长 18%，2015 年更是达到 88.7%。越南由于是仅次于泰国的世界第二大木薯及其制品出口国，且邻近广西，因而对广西木薯影响较大。

一、资源条件比较

1. 气候资源条件

泰国和越南自然资源条件都十分有利于木薯生产种植。木薯由于是短日照作物，对日照和热量有一定要求，最适于在年平均温度 27℃ 左右，日平均温差 6~7℃，年降雨量 1000~2000 毫米且分布均匀的地区。由于泰国、越南都是典型的热带季风气候，全年温暖湿热，年平均气温在 24~30℃，最冷月均气温大于15℃，平均年降水量 1000 毫米以上，为木薯生长提供了良好的水热条件。同时，泰国土地资源丰富，国土面积 51.3 万平方千米，可耕种面积占国土面积的 41%，土地肥沃、河流众多，扩大木薯种植面积、改善灌溉条件、提高单产的潜力很大。这些优越的自然条件为泰国成为世界上重要的木薯生产国和出口国奠定了基础性条件。广西气候为亚热带季风气候区，虽然夏季高温多雨，但冬季较温和少雨；最冷月均气温小于 15℃，亚热带季风气候年降水量小于 1500 毫米，不利于木薯全年生长，因此在气候条件上与泰国、越南相比处于劣势。

2. 耕地资源条件

综合世界银行和 FAO 数据库的资料发现，2013 年泰国耕地为 1681 万公顷，占土地总面积的比例为 32.9%，人均耕地 0.25 公顷，排在世界第 55 位。越南耕地约 640 万公顷,占土地总面积的 20.6%,人均耕地 0.07 公顷。根据广西 2009 年第二次土地调查,广西 2009 年耕地为 443.1 万公顷,人均耕地为 0.09 公顷。从耕地总量看,广西耕地总量不仅远低于泰国,而且低于越南,不利于木薯种植规模的扩大。从人均耕地来看,泰国人均耕地最高,是越南和广西的 3 倍多,因此在木薯规模经营上优于越南和广西。广西人均耕地虽然高于越南,但仅多出 0.02 公顷,优势并不明显,见表 5-5。

表 5-5　近年泰国、越南、广西耕地资源对比

国家和地区	耕地总量（万公顷）	耕地占土地面积比例（%）	人均耕地（公顷/人）
泰国	1681	32.9	0.25
越南	640	20.6	0.07
广西	443.1	18.72	0.09

资料来源:FAO 统计数据库。

3. 劳动力资源条件

综合联合国和泰国发展研究所 TDRI 的相关数据,2010 年泰国所有劳动人口总数和农业劳动力总数分别为 3800 万人、1451.6 万人,农业劳动力占就业人数的比重为 38.2%;青壮年劳动力为 21%;劳动力平均年龄为 32 岁。虽然劳动力老龄化程度提高,新增加劳动力有所减少,但泰国劳动力依然充裕,而且农业就业人数近年来是增加的,如 2014 年泰国农业就业人口占总就业人口的 41.9%,比 2010 年提高了 3.7 个百分点。2016 年农业人口约 1530 万人。丰富的劳动力资源为木薯产业发展提供了很好的条件,种植农民约 48 万户,占全国农民 560 万户的 8.0% 左右。而泰国木薯产业涉及人数众多,全国人口的 1/6（1000 多万）都从事与木薯相关的工作。但随着泰国人口出生率的不断下降以及老龄人口的增加,泰国劳动力资源丰富的优势可能将有所减弱。由于泰国处于经济滞胀时期,农业劳动力成本虽然有所上升,但整体水平依然较低,因此政府每年都鼓励劳动力海外就业,向以色列、西亚各国、韩国、中国台湾等国家和地区输出劳动力,截至 2008 年底泰国海外就业人数达 51.7 万人。

越南是一个人口近 1 亿的人口大国,2016 年总人口达到 9400 多万,其中

15~60 岁的劳动力 4000 多万人，农村劳动力 3200 万人，农业劳动力常年占到就业人口的 45% 左右。充裕的劳动力资源保障了越南木薯产业的劳动力供应。但由于越南人均耕地较少、农业就业不足，因此剩余劳动力数量庞大。这些劳动力在国内难以得到就业，于是就流向邻近的中国，其中广西是主要的流入地，流入广西的每年约有 5 万~8 万人，主要从事农业种植业。还有相当部分越南劳动力辗转到广东、浙江、福建等地寻找工作。广西农业和木薯产业发展的劳动力资源却相对不足，农业劳动力"老龄化"问题非常突出。

广西农业劳动力老龄化问题突出，从事木薯生产的青壮年劳动力较少。2016 年广西常住人口中，60 周岁及以上人口 716 万人，占全部人口的 14.8%（其中 65 周岁及以上人口达到 481.4 万人，占全部人口的 10%）。根据国际上划分人口年龄结构类型的标准，广西已进入典型的人口老龄化社会。由于农村空巢老人众多，一般认为，农村人口老龄化的问题比城镇更为严重，因此农业劳动力老龄化的问题也非常突出。这对农业生产、木薯产业发展都带来了极为不利的影响。

二、生产条件比较

1. 播种面积

在泰国、越南、广西三个国家中，泰国播种面积最大，涨幅也最快。2000~2014 年，泰国木薯播种面积波动上升（主要是受到干旱和木薯粉虱虫害的影响）从 2000 年的 113.09 万公顷上升到 2014 年的 134.90 万公顷。进入 2010 年后，基本稳定在 110 万公顷以上。15 年增长了 21.81 万公顷，年均增长 1.2%，增长幅度较小。目前，泰国木薯广泛分布在甘烹碧等 50 多个城市，其中东北部种植面积最多，占到全国木薯播种面积的 52%，中部和北部所占比例分别为 26% 和 22%。越南播种面积从 2000 年的 23.76 万公顷（低于当年广西的播种面积）增长到 2014 年的 55.28 万公顷，增长了 34.61 万公顷，年均增长 1.2%，与泰国增速相同。但广西由于木薯适宜生产区不多，主要集中在桂南一带，适宜区面积占耕地面积比例低，木薯播种面积不升反降，从 2000 年的 26.43 万公顷下降到 2014 年的 22.41 万公顷，下降了 4.02 万公顷，年均负增长 1.1%（见图 5-1）。因此，广西与泰国和越南全国大面积种植木薯相比，木薯播种面积十分有限。

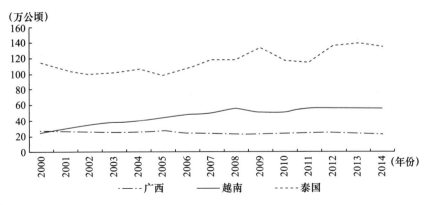

图 5 - 1　2000 ~ 2014 年广西、越南、泰国木薯播种面积

2. 产量

由图 5 - 2 可知，受收获面积等因素的影响，泰国木薯产量远高于越南和广西，2013 年达到最高产量，为 3022.75 万吨，2012 ~ 2014 年产量都在 2500 万吨以上。但泰国木薯产量起伏变化波动较大，从 2009 年的 3008.8 万吨下降到 2010 年的 2200.57 万吨，2011 年继续下降，不到 2200 万吨，但 2012 年时又迅速反弹到 3000 万吨以上。相比之下，越南和广西木薯产量比较稳定，除 2009 年较前一年有所下降外，整体呈现稳步增长的态势，从 2000 年的 198.63 万吨上升到 2014 年的 1020.99 万吨，年均增长 11.53%，实现了高速增长。但广西的增长却没有那么明显，15 年产量仅增加了 50.26 万吨，年均增长仅 2.17%，远低于越南。

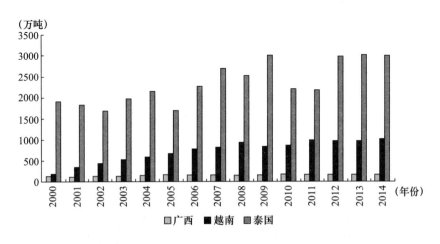

图 5 - 2　2000 ~ 2014 年广西、越南、泰国木薯产量

3. 单产

由图 5 - 3 可知，泰国单产最高，2007 年达到最高，为 22.92 吨/公顷，但受播种面积和产量波动的影响，单产波动也非常明显。越南木薯单产虽然没有泰国高，但不仅稳定增长，而且增加最为明显，从 2000 年的 8.36 吨/公顷增加到 2014 年的 18.47 吨/公顷，增长幅度超过 120.93%，分别高于泰国的 30.02% 和广西的 62.66%。广西单产最低，虽然近年来单产有所提升，但是 2014 年单产最高仍为 8.16 吨/公顷，仅为泰国的 40% 和越南的 45% 左右。增加单产成为广西木薯面临最为迫切的问题。

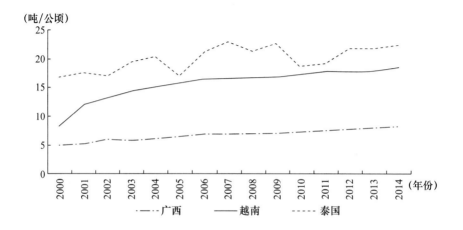

图 5 - 3 2000 ~ 2014 年广西、越南、泰国木薯单产量

泰国、越南、广西木薯的播种面积、产量和单产如表 5 - 6 所示。

表 5 - 6 2000 ~ 2014 年广西、越南、泰国木薯播种面积、产量和单产

年份	播种面积（万公顷）			产量（万吨）			单产（吨/公顷）		
	广西	越南	泰国	广西	越南	泰国	广西	越南	泰国
2000	26.43	23.76	113.09	132.56	198.63	1906.43	5.02	8.36	16.86
2001	24.85	29.23	104.92	128.02	350.92	1839.58	5.15	12.01	17.53
2002	25.07	33.7	98.82	149.21	443.8	1686.83	5.95	13.17	17.07
2003	24.48	37.19	102.18	139.73	530.89	1971.75	5.71	14.28	19.3
2004	25.06	38.86	105.73	152.47	582.07	2144.05	6.08	14.98	20.28

续表

年份	播种面积（万公顷）			产量（万吨）			单产（吨/公顷）		
	广西	越南	泰国	广西	越南	泰国	广西	越南	泰国
2005	26.95	42.55	98.59	173.61	671.62	1693.82	6.44	15.78	17.18
2006	23.11	47.52	107.08	158.80	778.25	2258.44	6.87	16.38	21.09
2007	22.97	49.55	117.42	155.90	819.28	2691.55	6.79	16.53	22.92
2008	22.15	55.4	118.35	154.67	930.99	2515.58	6.98	16.8	21.25
2009	23.09	50.78	132.67	164.12	853.05	3008.8	7.11	16.8	22.68
2010	23.30	49.8	116.85	173.21	859.56	2200.57	7.43	17.26	18.83
2011	23.75	55.82	113.54	180.33	989.79	2191.24	7.59	17.73	19.3
2012	23.12	55.18	136.21	181.31	973.57	2984.85	7.84	17.64	21.91
2013	22.80	54.41	138.51	182.75	975.77	3022.75	8.02	17.93	21.82
2014	22.41	55.28	134.9	182.82	1020.99	3002.21	8.16	18.47	22.26

资料来源：FAO 数据库。

三、加工条件对比分析

泰国木薯大部分出口，其总量约 75% 的木薯供应世界市场，剩余 25% 的木薯用于国内需求。泰国总量 25% 的木薯主要是用于木薯干片、木薯颗粒、生产饲料、食品、糖醇、味精、纸、纺织品等的加工。其中，木薯淀粉是其最主要的木薯制品，产量占世界前列，是世界主要的木薯淀粉生产国。据统计，供应本国的木薯总量中的 60% 以上用于制造淀粉及相关产品，年产 300 万~350 万吨淀粉、变性淀粉及淀粉粒（珍珠奶茶原料）。泰国木薯加工企业中规模和实力较大的是成源丰实业有限公司，该公司从瑞典阿法拉伐公司和德国威斯特伐力亚公司引进了各式碟片分离机 14 台，大大提高了公司的生产能力，使之达到日产 600吨以上。泰国另外有近 20 家酒精加工厂，但大多是用糖蜜作为原料，近年来由于糖蜜价格上涨，部分企业用木薯生产酒精。由于木薯产量巨大，泰国木薯加工公司基本全年都可加工。但污水处理是困扰泰国木薯加工业的一大难题。此外，近年来果糖、味精、赖氨酸等产品的产量也有所增加。

越南木薯产量的增加带动了越南木薯加工业的发展，木薯淀粉加工厂达到

41 家，企业加工设备和技术有所改进，加工能力明显提升，淀粉产量达 3130 吨/日，可以加工越南木薯总量的 40%。整体而言，越南木薯加工业依然落后，生产流程仍以传统方式为主，优化改进进展较慢。因此越南木薯制品加工技术比较落后，生产产品单一，污染严重，尚未形成产业链，因此，鼓励本土企业投资木薯制品加工技术将成为越南木薯加工业发展的主要方向。

目前，广西木薯加工基本实现了机械化生产，进入了由数量扩张的粗放型增长向延长产业链、提升质量的精深加工业发展的阶段。作为我国主要的木薯加工地区，广西约有 100 家木薯加工企业，占到我国木薯加工企业的 70% 左右。但这些企业生产技术水平和规模差异较大，较大的加工企业有广西中粮、广西明阳、广西金源公司等，如广西中粮木薯燃料乙醇年产达到 20 万吨，广西明阳公司的年产也达到 10 万吨、木薯变性淀粉年产达 40 万吨，但其他的大多是规模小、资源综合利用差的企业，尤其是木薯淀粉加工企业，大多数年产量低于 2 万吨。目前，广西木薯加工的产品有木薯淀粉、变性淀粉、食用酒精、燃料乙醇、淀粉糖、酶制剂、有机化工产品等，但主要产品是木薯淀粉、木薯变性淀粉和木薯酒精。2013 年广西木薯加工淀粉、酒精分别为 58 万吨、40 万吨左右，未来随着木薯加工制品需求增长和加工技术的进步，广西主力木薯加工公司正努力开发特色木薯淀粉、变糖醇、可降解塑料、醋酸乙酯、丙酮丁醇木薯加工产品。由于国内木薯及其相关制品价格持续低迷，因此大部分木薯加工企业盈利水平不高，部分企业还出现亏损停产的现象。目前，广西木薯加工业存在的主要问题是国内木薯产量有限，持续生产存在困难；木薯及其制品价格持续低迷，盈利水平不高；企业数量多，但规模小，规模效益不明显。

四、产业化条件对比分析

泰国木薯产业化水平较高是相对于其他木薯生产国的一大优势。目前，泰国木薯产业化有以下三个显著特点：①行业组织多，农民产业化程度高。目前泰国木薯行业有专门的组织协会、合作社、经营公司等，大部分从事木薯种植的农民都加入了这些组织。②政府社会服务水平较高。政府专门设立管理和推进木薯产业发展的公会机构，如泰国木薯贸易公会、泰国薯粉厂公会、泰国木薯发展基金会等，这些组织承担提供木薯技术、价格、供需方面的信息。③期货市场很发达。泰国政府建立了全国性的木薯期货市场，对木薯实行市场定价和风险转移，一定程度上提高了木薯产业的市场化程度。

越南原来的庄园经济为木薯产业化发展奠定了一定的基础，因为庄园经济本身就是具有生产集约化、市场化的特征。但首先与越南人均耕地较低、农村人口数量庞大，越南庄园经济并未获得长足发展。但越南进行经济改革以后，由于国内外资本的介入，所以越南木薯产业的产业化进程加快。

广西木薯产业化水平有所提高，由于巨大的市场需求和国家重视，木薯加工企业数量增加，产能也有所扩大。为了保持充足的木薯供应，一些公司采取以"公司＋农户"为基本模式的产业化组织形式，并采用"订单农业"、"合同农业"手段加强和薯农的利益联结，产业联结程度有所提高。

五、出口条件对比分析

泰国在1957年就将木薯产品出口到美国、日本、新加坡、马来西亚等国家和地区，后来，又出口木薯颗粒到欧洲，并开拓了中国台湾、韩国、东欧市场，成为世界上最大最重要的木薯供应国。中国多年来一直是泰国木薯出口的主要国家，根据联合国的数据，出口到中国的泰国木薯出口额从2000年的27.08%上升到2013年的73.86%，而2014年，中国市场占到泰国木薯出口比例的85%，泰国能成为中国最大的木薯输入国，与其靠近中国，运输成本低、木薯品质较好有关（见表5－7）。

表5－7　2016年9月至2017年3月中国木薯干进口（分国别）

时间	泰国		越南		总进口量
	进口量（万吨）	占比（%）	进口量（万吨）	占比（%）	（万吨）
2016年9月	51.10	65.92	6.26	8.08	77.52
2016年10月	35.77	58.45	5.27	8.61	61.20
2016年11月	46.84	65.00	4.70	6.52	72.06
2016年12月	59.76	70.66	3.45	4.08	84.58
2017年1月	54.71	68.72	3.53	4.43	79.61
2017年2月	47.49	60.71	10.47	13.39	78.22
2017年3月	81.22	68.63	16.93	14.31	118.35

资料来源：中国海关总署。

但是，泰国木薯在中国市场遭遇到越南的有力竞争。由于越南靠近中国云桂，陆运海运便利，运输成本较低，加之越南从 2015 年 9 月 5 日起，将木薯干片出口税从 5% 降为零，大大促进了越南对中国的出口，9 月和 10 月呈现猛增态势，从而导致第三季度中国市场占越南木薯出口市场的份额高达 89.17%，出口量和出口额分别同比增长 37.1% 和 33.03%。除了关税优惠外，越南木薯 FOB 报价较低也是越南出口增加的主要原因，从图 5 – 4 可以看到，越南 FOB 报价大多低于泰国，差额约在 20 美元/吨，具有价格优势。

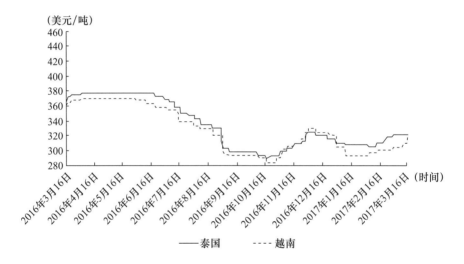

图 5 – 4　2016 年 3 月至 2017 年 3 月泰国、越南木薯淀粉外盘 FOB 报价

资料来源：中国海关总署。

广西由于木薯产量较少，供给不足，连国内的需求尚不能满足，因此出口较少。

六、政策条件对比

泰国政府高度重视木薯产业的发展。在泰国，木薯是除大米以外最重要的农产品，而且由于木薯在世界市场上的需求不断增加、价格持续上升，是泰国出口创汇的重要产品，因此多年来泰国政府一直高度重视木薯产业的发展，长期在税收、农业技术推广等方面支持木薯产业发展。一是促进品种改良，泰国政府积极组织有关大学和研究机构合作，引进、培育、筛选、试验木薯良种，同时农业部门免费提供木薯良种给农民种植。二是禁止使用化学肥料。为了保证木薯品质，泰国积极鼓励农民适应有机肥料，禁用化学除草剂和化学杀虫剂的应用。三是支持保护农民生产积极性，政府会向农民、合作社、企业等提供短期贷款，同时对农民实行补贴政策和价格保护政策，并为木薯种植及经营培训活动提供经费支持等。四是通过行业协会统一木薯标准和协商价格，促进木薯产业健康可持续发展。五是鼓励出口，泰国政府专门制定了未来 5 年木薯出口的政策和产业发展方向，意在提升泰国的木薯产业地位，将其打造成为能与泰国大米相媲美的金牌产品。

广西也十分重视木薯良品种的选育与推广工作，加强了同华南热带农业科学院等高校和科研机构的合作，并成功选育了新选 048、桂热 3 号、SM1600、SM1741 等新品种。同时，广西也将木薯产业的发展纳入政府工作规划，作为重大项目来抓。但与泰国为农民和合作社提供短期贷款、补贴政策等政策相比，广西木薯补贴范围和对象仅限于加工领域和加工企业，对生产种植领域和农民的支持还非常薄弱，导致农民生产积极性不高，木薯播种面积和产量增加有限。同时，广西对木薯生产标准和价格协商制度尚未形成，生产杂乱、价格波动大的问题比较突出。

综上可知，在资源条件方面，泰国和越南气候优越、劳动力充足，木薯生产的气候和劳动力条件都优于广西。泰国土地资源优势最为明显，人均耕地达到 2.5 公顷/人，广西和越南都不足 1 公顷/人，但广西略优于越南。

在生产条件方面，泰国无论是在播种面积、产量，还是在单产都全面优于越南和广西，是生产条件最好的国家。越南播种面积 2000 年时还和广西相差不大，但近十年来迅速增加，而广西却反而下降，因此和越南播种面积相差也越来越大，2014 年已经达到 33 万公顷。广西木薯单产远远落后于泰国和越南，仅分别为后者的 40%和 45%。

在加工条件方面，泰国由于引进国外先进的技术设备，加之国内木薯供应充足，企业开工稳定，因此加工设备、技术水平高、规模大，整体加工水平高于广西和越南。广西加工设备主要以国产为主，虽然与国际先进水平相比还有不小差距，但加工成本较低是其一大优势。越南木薯加工业虽然有一定发展，但仍主要以初级加工为主,加工水平不高。

在产业化条件方面,泰国产业化条件最好,具有较为成熟的薯农合作社、完善的木薯社会化服务和发达的木薯期货市场,产业化水平较高。越南受限于国内人均耕地不足、剩余劳动力数量庞大和木薯加工企业少等因素,产业化条件较差。广西情况和越南类似,但优于越南的一点是广西木薯加工企业多、加工业发达,因此"公司 + 农户"等多种产业化组织形式逐渐发展起来,农户和企业、生产和加工的联结日益紧密,产业化水平逐步提高。

在出口条件方面,泰国和越南主要的出口市场都是中国,中国市场占到两国出口市场的 80% 以上。泰国是中国最主要的木薯供应国,其木薯进口量往往占到中国木薯进口的 60% 以上。但泰国在中国市场遇到越南强有力的竞争,越南利用和中国接壤的地理优势,依托便利的水路、陆路交通,运输成本低于泰国,因此 FOB 离岸价基本低于泰国,在中国市场具有价格优势。

在政策条件方面,重视木薯生产、加强良种培育是泰国和广西比较普遍的做法。但泰国政策体系更加完善,不仅涉及加工、进出口等环节,还延伸到种植生产环节;不仅针对企业,还包括农民和合作社,使农民能够保持较高的生产积极性。但广西的政策主要针对加工环节的企业,对农民的政策支持比较滞后。越南木薯政策还比较空白,木薯产业处于自我发展阶段。

第三节 广西与泰国和越南木薯产业比较的启示

广西是我国最主要的木薯产区,泰国是世界产量第二的木薯产区,同时和越南一样都是我国重要的木薯进口供应国。通过对三者木薯产业的比较,分析广西木薯产业的优势劣势,吸收两个木薯产业发展的有益经验,对促进广西木薯产业发展有重要意义。

一、广西木薯产业应积极实施实行"走出去"战略

通过本章第二节可知,无论是资源条件、生产条件,还是在产业化水平、政

策扶持方面，与泰国相比广西基本处于劣势的地位，与越南相比优势也不明显，在木薯生产种植环节处于劣势。同时，广西木薯生产由于面临青壮年劳动力不足、劳动力价格上升的压力，加之广西将木薯定位为非粮食作物，而在我国，粮食安全高于一切，政策上不鼓励非粮食作物与粮食作物争地，在一定程度上限制了木薯的推广种植。因此，未来广西木薯播种面积和产量规模大幅度增加的可能性不大。但是，随着木薯利用范围的扩大、产品的增加和加工技术的进步，市场对木薯的需求有着广阔的前景，木薯产业将是一个大有可为的产业。因此，广西应该在稳定和提高区内木薯生产的基础上，积极实施木薯产业"走出去"战略，凭借靠近泰国和越南，水陆交通便利的优势，充分利用泰国和越南的土地资源、劳动力资源和生产优势，扩大对泰国和越南木薯生产种植的投资，加大对两个投资建厂的力度，将生产的木薯及其制品运回国内，满足国内需求，或者是直接运往海外市场，扩大木薯出口。

二、加强良种选育和规模经营力度

通过比较可以发现，广西木薯单产是最低的，这固然有自然资源条件的原因，但木薯良种不足也是重要的原因。同时广西木薯生产与越南相近，都是以小农生产为主，机械化程度不高，而泰国是以家庭农场的相对规模化生产为主，机械化程度较高。广西木薯产业要达到较强的水平，应加强良种选育和研发，培育推广高产稳产、抗病抗旱等优良性状的良种，努力缩小和泰国的单产差距。同时，鼓励规模经营，扶持机械化生产，提高木薯规模经营效益。

三、政府应该加强对种植环节的扶持力度

目前，广西对木薯产业的支持政策主要集中在加工环节，生产环节还未涉及，农民生产的积极性不高，制约了木薯播种面积的扩大和产量的提高。广西可以借鉴泰国的经验，将扶持政策延伸到生产种植环节和农户，给予农民短期贷款和价格保护，增加木薯生产的比较效益，降低木薯生产风险，提高农民的生产积极性。

四、加大木薯产品研发和加工，扩大木薯产品出口

木薯丰富的产品特性使其应用领域和前景都十分广泛，是"大有前途"的作物产品。因此，广西应加强对木薯产品的研发和加工，根据市场需求，集中资源和力量，极大地对木薯产品加工技术的研发，不断拓展其应用领域和范围，不断增加木薯制品的品种和种类，打造完整的木薯产品产业链。同时，通过进口木薯原料，大力发展木薯加工业，积极推动木薯产品出口，将木薯产品推向海外，努力成为国内乃至世界上最大的木薯产品出口地区。

第六章　世界木薯产业发展的基本情况

第一节　世界木薯种植的格局

木薯是世界上第三大主要的粮食作物,其地位仅次于大米和玉米。在非洲、亚洲和拉丁美洲,数以百万计的人依赖于木薯。在欠发达地区,木薯种植更加受穷人或女性的青睐,因为这是维持生计的重要手段。木薯因其生长特性、实用性的局限,致使其具备一定的种植布局上的独特性。

一、木薯种植分布于欠发达国家或地区

据世界粮农组织(FAO)最新统计数据显示,木薯种植面积和产量超过70%来自欠发达国家或地区。以 2014 年的数据为例:世界木薯种植面积约为2450.97 万公顷,产量约为27497.41 万吨,其中种植面积排名前 11 位的国家分别是尼日利亚、刚果、巴西、泰国、印度尼西亚、加纳、莫桑比克、乌干达、坦桑尼亚、安哥拉和越南,11 个国家种植面积占世界总种植面积的 73%;总产量排名前 11 位的国家分别是尼日利亚、泰国、印度尼西亚、巴西、刚果、加纳、越南、柬埔寨、印度、安哥拉、莫桑比克,11 个国家总产量占世界总产量的74%。上述提及的国家均来自发展中国家或欠发达国家。中国虽地大物博,但木薯种植面积和产量占比排名均相对靠后。2014 年中国木薯种植面积为 28.77 万公

顷，世界排名第 19 位；木薯产量为 468.03 万吨，低于泰国、印度尼西亚、越南、柬埔寨和印度等亚洲国家，世界排名第 14 位，具体数据见表 6 - 1。

表 6 - 1 2014 年木薯种植面积和产量主要分布情况

世界排名	收获面积		总产量（万吨）	
	国家	收获面积（万公顷）	国家	产量（万吨）
1	尼日利亚	710.23	尼日利亚	5483.16
2	刚果	205.64	泰国	3002.21
3	巴西	156.77	印度尼西亚	2343.64
4	泰国	134.9	巴西	2324.21
5	印度尼西亚	100.33	刚果	1660.89
6	加纳	88.9	加纳	1652.4
7	莫桑比克	87.03	越南	1020.99
8	乌干达	85.2	柬埔寨	883.53
9	坦桑尼亚	80	印度	813.94
10	安哥拉	75.59	安哥拉	763.89
11	越南	55.28	莫桑比克	511.48
19（14）	中国	28.77	中国	468.03

资料来源：FAOSTAT。

二、木薯主要种植在土壤欠肥沃、脆弱性质的区域

从木薯本身的生长特性来看，木薯具有很高的去营养化性，种植木薯的土壤营养物流失严重。土壤中大多数的氮磷钾等营养物质是来自于农作物的叶子和根系，一般的农作物收获以后将叶子和根系留在土壤中，这就可以让土壤营养物得以保留。而木薯是根系作物，收成后根系和叶子很少回填到土壤当中，因此这就是木薯种植会直接使得土地贫瘠的原因。此外，木薯本身属于热带、亚热带植物，具有很好的耐旱性、耐酸性，并且比其他农作物更容易适应贫瘠的土壤环境。根据国际热带农业中心的研究，拉丁美洲木薯种植土地超过 80% 种植于偏酸性的土壤，而亚洲木薯种植土地该比例更是高达 90% 以上，见表 6 - 2。此外，非洲也大约有 54% 的木薯种植在高酸性和低肥力的土壤中（Carter et al.，1992）。

表6－2　拉丁美洲和亚洲木薯种植土地土壤情况

土壤类型	木薯土地的占比（%）		化学性质				
	拉丁美洲	亚洲	酸碱性	氮	磷	钾	微量元素
老成土	27	55.1	－	＋	＋	＋＋	
淋溶土	23.2	11.4	－	－	－	－	锌，铁
氧化土	19	0.7	＋	＋	＋＋	＋＋	锌
新成土	13.4	8.9	－	＋＋	＋	＋＋	锌，锰
始成土	6.9	18		＋	＋	＋	
软土	5.5	1.7	－	－	－	－	
变性土	4.2	3.6	－	－	－	－	
干旱土	0.4	－					
有机土	－	0.6	＋＋	＋	＋	＋	铜

资料来源：CIAT 国际热带农业中心。

三、各洲种植木薯土地的海拔和地形各有不同

在非洲，80%的木薯种植在低地，其余的20%分布在安哥拉、乌干达、卢旺达、布隆迪北坦桑尼亚的热带高原地区。在亚洲，只有极少数的木薯是种植在海拔1000米以上的地方，大多数都是种植在坡度在0～10%的平缓山坡。但是在中国南部地区、越南北部地区会发现木薯15%～50%种植在山坡上。在拉美地区约417000公顷的木薯是种植在高地，例如安第斯区的哥伦比亚、厄瓜多尔、秘鲁以及中美洲亚热带高原（巴西东南部、东部巴拉圭和阿根廷北部等）。这些高地的坡度大多超过40%，甚至部分还生长在陡峭的斜坡上。在美国南部的巴西圣保罗、巴拉那州和圣卡塔琳娜，木薯经常生长在平缓的山坡（坡度＜10%）。

四、木薯种植管理模式极少数采用单种的方式

从各国的木薯种植情况来看，轮作和间种的方式已经是主流的耕作方式。非洲大部分木薯种植地区普遍都是将木薯作为最后一个轮作的农作物，农户在种植了玉米、豇豆和旱稻之后就会选择种植木薯。这是由于非洲仍采用刀耕火种的方式进行农作物生产，经过第一轮的种植后，土壤肥力明显下降，其他农作物也难

以生长，而木薯的生长特性决定了其成为轮作最后一种农作物。但是由于土壤肥力非常差，所以木薯产量也比较低。除了轮作以外，木薯种植还主要是采用间种的耕种模式。早在20世纪80年代，非洲农民就已经将木薯和多种农作物安排在一起间种/套种。非洲人将木薯和玉米、山药、花生、豆类甚至香蕉进行套种。尼日利亚的西部地区甚至还有人将木薯和旱稻套种在一起。采用间种或套种模式的国家还包括美国、中国、印度等国家。只有那些拥有较大农场的国家才会采用单作的模式，例如泰国、马来西亚、印度尼西亚和菲律宾。即使采用了单种的模式，大多数木薯种植区域也需要配合采用休耕制、施加化肥等方法来保持木薯的产量。致使大多数国家采取这样的种植管理模式是因为有效的间种、套种或适当种植管理可以减少侵蚀、增加木薯产量、减少严重的水土流失。

五、木薯种植户以小农低单产居多

木薯虽然能很好地适应于干旱贫瘠的土地，但却不适合现代农作形式，目前大多数木薯产自非洲、亚洲和拉丁美洲的居住于边缘脆弱环境的小型农户。首先，木薯种植是劳动密集型的，而且木薯根部不仅占比重且极易腐烂，木薯根部一旦被破损后很难储藏，并且收割或储藏需要花费高成本。其次，由于木薯本身容易对土壤腐蚀或去营养化，农户会选择将其种植在比较偏僻或贫困的地区，而这些地区很难进行规模化农业生产。此外，目前木薯产量高的地区其单产水平并不高。从一项世界木薯单产排名可以看出，单产水平最高的国家包括印度、苏里南、巴巴多斯、老挝、柬埔寨、印度尼西亚、泰国等国家和地区，这些国家当中种植面积或木薯产量能居世界前10位的仅有印度。2014年印度木薯单产为35.66吨/公顷，而位列第2以后的国家单产水平都未超过30吨/公顷（见表6-3）。

表6-3　2014年世界木薯单产水平前10位的国家和地区

世界排名	国家/地区	单产水平（吨）/公顷
1	印度	35.66
2	苏里南	27.96
3	巴巴多斯	27.65
4	老挝	26.95

续表

世界排名	国家/地区	单产水平（吨）/公顷
5	柬埔寨	24.57
6	库克群岛	23.75
7	马拉维	23.36
8	印度尼西亚	23.36
9	巴哈马群岛	22.75
10	泰国	22.26

资料来源：FAOSTAT。

六、木薯种植户在土壤改善上投入较少

虽然从植物生长的机理上可以看出，改善土壤肥力对木薯产量的提高有很大的帮助，但是大多数农民却在这方面的投入成本较少。从以往的研究上来看，土壤肥力充足、化肥利用率比较高的地方普遍会有较高的单产水平，例如印度的木薯种植就大量使用了肥料或选择肥力较好的稻田地。印度的农民在木薯种植上使用动物肥料的分量为 5～20 吨/公顷，而其他国家却较少。非洲农民很少在木薯生产上使用化肥或动物肥料，大多数农民依赖轮作或间种来恢复土壤肥力。泰国、印度尼西亚、中国和越南等这些国家的肥料应用率也很低，远远不及马来西亚和印度（Pham Van et al.，1996）。

第二节　世界木薯用途的格局

木薯产量和面积是直接与其市场需求相关的。目前木薯主要有粮食、饲料、淀粉原料等用途，且在拉丁美洲和亚洲的国家都有不同的侧重点。

一、木薯主要是欠发达国家和发展中国家的粮食

木薯的首要用途就是作为人类的粮食，它包含人类所需的碳水化合物、蛋

白质和矿物质。但因为其生长特性，主要的种植国家和地区都是属于欠发达国家和地区，且发达国家的其他粮食作物更有竞争力，木薯作为粮食也是具有种植格局一致的特点。世界粮农组织（FAO）早在2000年发布的一项研究成果上就显示，将木薯作为主要食用粮食的都是发展中国家（见表6-4）。

表6-4　各国家地区食用木薯的比例分布情况

区域	1973～1975年	1983～1985年	1993～1995年
全球	64731	75737	95997
发展中国家	64538	75607	95935
非洲	33835	43133	62558
拉丁美洲和加勒比	11572	10787	11528
亚洲	19044	21556	21733
发达国家	193	130	62

二、欠发达国家将木薯作为饲料的比例较低

与木薯作为粮食明显不同的是，木薯饲料在发展中国家和发达国家之前的差距并不算大。根据世界粮农组织（FAO）的研究发现，世界上所有将木薯作为动物饲料的国家中，发展中国家仅占到60%，其中：非洲国家仅占13%、拉丁美洲和加勒比海国家（LAC）占36.77%，亚洲国家占比和非洲国家不相上下。更有意思的是，不属于木薯主产地的欧共体在木薯饲料的需求和加勒比海国家相当。按氰化物的比例来分，木薯可以分为甜木薯和苦木薯，前者口味和有毒程度都比较适宜人类食用，后者由于氰化物成分高、有毒性且淀粉产出量高而不用作粮食。从上述数据来看，非洲国家的粮食需求占据更主要地位，而加勒比海国家的饲料需求更明显，这也决定了两个不同国家地区农户的选种差异。

三、木薯作为淀粉和其他用途

木薯可加工成淀粉，不仅可以作为许多食品的原材料，还能加工成诸如纸张、硬纸板、纺织品、胶合板、胶合物和酒精等工业品。全球的淀粉市场需求增

长非常迅速，年平均增长率约为 4.7%。木薯是淀粉的第四大生产原料之一，其他主要的原材料是玉米、小麦和马铃薯。大多数的木薯淀粉厂分布在泰国、越南和中国等亚洲国家。30 年前，乌干达、坦桑尼亚和马达加斯加这些国家曾有一定数量的木薯淀粉厂，但到今天却很少还在经营。拉丁美洲和加勒比的木薯淀粉厂一般都是建立在靠近木薯产区的地方，规模都非常小，主要供应本土的市场。世界上比较大规模化的木薯淀粉厂在委内瑞拉，相反的是巴西的木薯淀粉厂规模都比较小。巴西的木薯淀粉厂主要受限于原料供应，大部分木薯淀粉厂平均 1 年需要停工 4 个月，此外，木薯价格变动和玉米替代品价格相对低廉也是原因之一。

第三节　世界木薯国际贸易格局

从 20 世纪 90 年代起，全世界木薯及相关产品的贸易逐渐兴盛，贸易总量已约占世界贸易产品的 1/10。木薯贸易产品包括新鲜木薯、木薯干片和木薯淀粉等，其中新鲜木薯贸易占比逐年减少，其原因是新鲜木薯其重量和易腐性所致，因此国际贸易一般发生于邻近的国家。泰国和印度尼西亚是世界木薯贸易市场上两大主要供应国，两国约占世界木薯贸易的 90%，剩余的 10% 由尼日利亚、中国、越南和巴西等国家提供。欧盟是世界木薯贸易当中主要的输入国。上述国家的木薯贸易涉及的产品各有不同，以下从两方面进行分析。

一、新鲜木薯及木薯干片的国际贸易格局

首先，新鲜木薯及木薯干片国际贸易量增长迅速。新鲜木薯根的国际贸易多发生于邻国之间，是因为木薯根部占比较重且易于腐烂易产生运输风险。近年来，随着仓储和保险技术的进步，美国和欧盟不断地从非洲地区进口新鲜木薯。随着国际自由贸易和多边贸易的推进，木薯干片的贸易量得到快速的增长。2015年全球新鲜木薯和木薯干片总进口贸易量为 117 亿吨，进口贸易总额为 27.32 亿美元，贸易量呈现波段上升态势，总体贸易量和贸易额都比 2012 年分别高出 34.77% 和 19.64%（见图 6-1）。

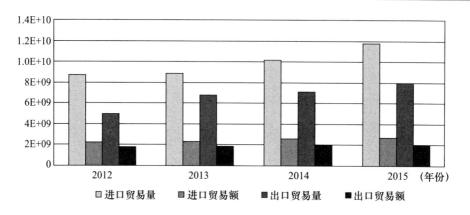

图 6 - 1　全球新鲜木薯和木薯干片贸易数据（2012 ~ 2015 年）

其次，新鲜木薯及木薯干片国际贸易曾出现明显区域特点。近年来，新鲜木薯和木薯干片的贸易量大部分要归功于中国、泰国、越南、印度尼西亚等亚洲国家和美国、加拿大、法国等北美欧盟国家。从最新的 UNcomtrade 统计数据来看，2012 ~ 2015 年全球最大的新鲜木薯和木薯干片出口国——泰国，其次是越南、哥斯达黎加、柬埔寨等国家。2015 年泰国新鲜木薯和木薯干片的出口额高达 15.38 亿美元，占全球出口额的 74.74%。2012 ~ 2015 年全球新鲜木薯和木薯干片进口国主要是中国、越南、泰国、美国、韩国、荷兰、卢旺达等国家，其中：中国新鲜木薯和木薯干片进口额为 21.19 亿美元，占全球进口额的 77.56%。从数据上来看，出口国主要分布在东南亚、非洲等地区，进口国主要分布在东南亚、北美和欧洲地区；泰国、越南等国家贸易顺差明显，中国、欧洲、美国等国家贸易逆差明显（见表 6 - 5）。

最后，邻国距离和成本优势是新鲜木薯和木薯干片国际贸易集中分布的重要因素。从上述贸易数据可以看到，中国和泰国、越南等东南亚国家是新鲜木薯和木薯干片国际贸易的主要国家。非洲国家虽然是木薯的最大产区，但国际贸易程度不及东南亚国家，其主要原因除了与该地区的国际贸易环境政策有关，更重要的是中国—东南亚国家之间具有很明显的距离和成本优势。从距离上看，泰国首都曼谷距离中国云南省会昆明仅有 1260 千米，中国广西凭祥市到越南河内仅有 135 千米，泰国到越南境内也仅有 200 多千米，新鲜木薯和木薯干片的运输距离

表6-5　2015年新鲜木薯和木薯干片主要进出口国数据

出口			进口		
排名	国家	出口额（万美元）	排名	国家	进口额（万美元）
1	泰国	153873.03	1	中国	211974.07
2	越南	39853.26	2	越南	22457.78
3	哥斯达黎加	7122.54	3	泰国	21170.94
4	柬埔寨	2221.09	4	美国	6560.63
5	荷兰	786.24	5	韩国	5064.60
6	斯里兰卡	288.70	6	荷兰	1008.49
7	印度尼西亚	267.11	7	卢旺达	915.45
8	印度	198.45	8	西班牙	783.01
9	乌干达	172.37	9	法国	504.57
10	比利时	140.00	10	英国	504.57

资料来源：UNcomtrade.

较短，保鲜技术要求也相对较低，运输成本优势明显。以2015年中国的贸易数据为例，中国主要从泰国、越南、柬埔寨、印度尼西亚、加纳、马达加斯加和尼日利亚进口新鲜木薯和木薯干片。

二、世界木薯淀粉的国际贸易格局

首先，全球木薯淀粉国际贸易额稳步增长，木薯系列产品国际贸易份额逐步提高。2012年全球木薯淀粉贸易总量为230.8万吨，贸易额为18.22亿美元；2013年贸易量就比2011年增长了77%，贸易额增长6.53%；接下来两年贸易量虽然增速下降，但贸易额仍保持在5%左右的增速。20世纪90年代，木薯淀粉国际贸易的份额约占木薯系列产品国家贸易份额的15%，而如今已经发展成为和新鲜木薯和木薯干片国际贸易旗鼓相当的态势。2015年全球木薯淀粉国际贸易量为499.84万吨，贸易额为21.75亿美元，贸易额与全球新鲜木薯和木薯干片贸易额仅相差5.57亿美元。

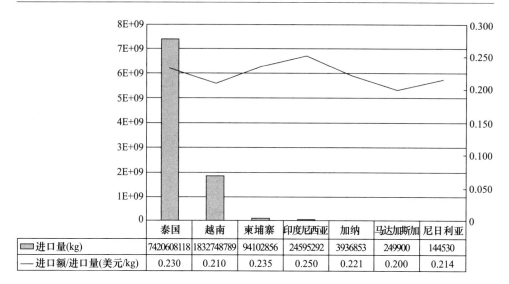

	泰国	越南	東埔寨	印度尼西亚	加纳	马达加斯加	尼日利亚
▨ 进口量(kg)	7420608118	1832748789	94102856	24595292	3936853	249900	144530
— 进口额/进口量(美元/kg)	0.230	0.210	0.235	0.250	0.221	0.200	0.214

图 6 – 2 2015 年中国新鲜木薯和木薯干片的贸易对手数据

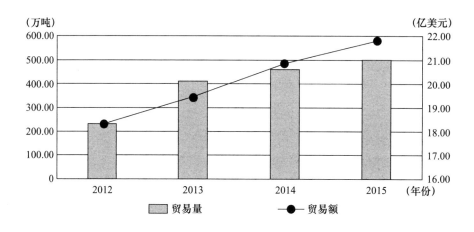

图 6 – 3 2012 ~ 2015 年全球木薯淀粉贸易量和贸易额

其次，中国和东南亚国家是全球木薯淀粉贸易发展的核心。泰国和越南是世界上最主要的木薯淀粉出口国，出口额几乎占据当年全球贸易额的 95% 以上。2015 年泰国出口木薯淀粉为 288.69 万吨，出口额为 11.91 亿美元，占全球出口额的 54.74%；越南出口木薯淀粉为 199.08 万吨，出口额为 9.13 亿美元，占全球出口额的 42.02%；其余极少部分出口量来自柬埔寨、巴西、巴拉圭、德国、印度尼西亚、中国香港、荷兰、美国等国家和地区。从需求端上看，中国是推动全球木薯淀粉国际贸易的最主要因素。2000 年以前，中国进口木薯淀粉的需求仅次于印度尼西亚、马来西亚、日本等亚洲国家。2005 年以后，中国就开始跃居成为世界木薯淀粉最大进口国，2005 年中国木薯淀粉进口额就比 2010 年增长近 4 倍，此后每 5 年贸易额就翻了 1 倍多。2015 年，中国木薯淀粉进口额高达7.8 亿美元，占全球贸易额的 35.86%，比位列第二的印度尼西亚的进口额要高出 5.24 亿美元。

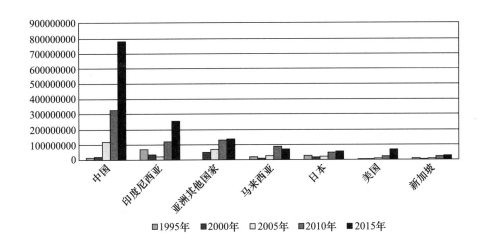

图 6 - 4　1995～2015 年木薯淀粉主要进口国贸易额增长情况

　　最后，全球主要木薯淀粉贸易国家之间依赖程度高。从贸易对手的角度上看，中国主要从泰国、越南等东南亚国家进口木薯淀粉，2015 年中国 75.27% 的木薯淀粉从泰国进口，其余 23.44% 的木薯淀粉从越南进口。而中国也是这两个国家的主要木薯淀粉出口国家。因此，可以看出中国、泰国、越南 3 国之间的木薯淀粉贸易相互依赖程度比较高。2015 年，越南向中国出口木薯淀粉的贸易额为 8.08 亿美元，占越南木薯淀粉出口额的 88.46%。泰国向中国出口木薯淀粉的贸易额达 5.39 亿美元，占其出口总额的 45%；其余分别是以印度尼西亚、马来西亚、日本等亚洲国家为主（见图 6 -5）。

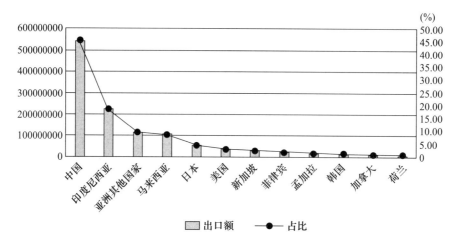

图6－5 2015年泰国木薯淀粉主要贸易对手国的贸易额和占比

第四节 世界木薯深加工的格局

近十多年来，随着经济发展，木薯越来越受到重视，木薯深加工格局从萌芽阶段正在走向形成阶段。2000年前，木薯作为世界上主要的粮食作物，深加工化的比例相对要低。2000年由世界粮农组织（FAO）主办的全球性木薯发展战略会议上，来自22个国家的80多位农业专家探讨木薯是否能在农业工业化和经济增长中起到保障作用，会议结论是木薯一旦能够成为产成品的原材料，将会大幅刺激需求，也将有利于发展中国家的农业转型和经济发展。时至今日，木薯是深加工的原材料和多种产品条线的重要原材料。

当前木薯的深层次加工产品主要有以下三类：一是变性淀粉，大范围用于造纸、纺织、轻工、铸造、能源、石油、医药、饲料、建材、食品等行业。二是淀粉糖，可生产葡萄糖、麦芽糖、果糖、海藻糖、低聚糖等几十种甜度不同的糖，可作为保健食品。三是化工产品，生产的有机化工产品，诸如酒精、醋酸、聚乙烯、山梨醇、环氧乙烷、柠檬酸、乙醇胺等，是生产橡胶、油脂、军用品、农药、化妆品、包装品的重要原料。特别是酒精已成为汽油中的添加燃料，市场潜力相当大；由于数据获得有限，本书从变性淀粉（HS350510）、木薯淀粉（HS190300）、木薯渣（HS230310）的进出口数据反映全球木薯深加工的大致情况。

从变性淀粉进出口情况来看，中国、日本、韩国等处于非热带气候的国家是变性淀粉（HS350510）的进口主力军，其中：日本近20年的变性淀粉进口额与出口额相差比例巨大，一直维持在1.5亿～3.3亿美元的差额水平；中国虽然也生产木薯但是国内的变性淀粉生产量远不能满足国内的需求，自2010年后进口额和出口额的差距快速拉升，截至2015年进口额比出口额已高出2.65亿元；韩国对变性淀粉的需求量不大，但进口额相对出口额的差额也是逐年攀升，截至2015年差额已将近9519万美元。这三大国家木薯加工阶段属于后半阶段，同时中国在变性淀粉上面加工的比例也相对较高。全球两大主要变性淀粉出口是泰国和美国。泰国因其主要为木薯的主要产区，长期以来也是变性淀粉的主要出产地，1995年泰国变性淀粉出口额和进口额的差额就已高达1.1亿美元，经过几十年高速发展到2015年该差额就已经高达6.1亿美元，成为世界上最大的变性淀粉生产和出口国。美国并非木薯产地，但其变性淀粉的份额也在逐年攀升，2000年其出口额比进口额高出5491万美元，2015年该差额已达到2.06亿美元。

表6-6　全球变性淀粉主要贸易国进口额差额一览表　　单位：万美元

国家＼年份	1995	2000	2005	2010	2015
中国	-883.98	-5197.33	-7665.13	-12365.34	-26508.42
日本	-16827.67	-15423.52	-20568.13	-31750.79	-33121.67
韩国	-3947.15	-2737.12	-5242.88	-7574.73	-9519.17
泰国	11160.79	15272.41	25918.38	48600.81	61010.18
美国	-1675.22	5491.14	16064.42	24301.88	20677.28

资料来源：UNcomtrade.

从木薯淀粉（HS190300）进出口情况来看，木薯淀粉加工分布在泰国、中国、印度尼西亚等亚洲国家和法国、荷兰等欧洲国家，而进口需求量比较大的国家主要是美国、中国、中国香港、法国、韩国和日本等国家和地区。木薯淀粉出口额较大意味着该国木薯初级加工份额较大，为本国和其他国家供应木薯深加工的材料；而木薯淀粉进口额较大的国家表明该国在有机化工产品、生产橡胶、农药、油脂、包装品、化妆品、军用品的深加工上面对原材料需求较大。

表 6 - 7　2015 年木薯淀粉主要进出口国家及数据

出口国家/地区	出口额（美元）	进口国家/地区	进口额（美元）
其他亚洲国家	25221080	美国	17807708
泰国	22608206	中国	6626051
中国	9174080	中国香港	5862969
印度尼西亚	4192398	法国	4453520
法国	3060060	韩国	3673838
荷兰	3043944	日本	3504952

资料来源：UNcomtrade.

除了上述两种产品的进出口数据外，我们还可以从木薯渣（HS230310）侧面反映木薯深加工情况。木薯渣是加工生产木薯淀粉过程产生的副产品，主要成分是粗纤维、蛋白质、水分，可作为养殖饲料来使用。木薯渣产生比较多的国家表明木薯初级加工数量大，且不仅能满足本国饲料生产的需求，还能够出口至其他国家。1995～2015 年，世界上出口木薯渣量较大的国家是美国、中国和泰国，其中：美国每年木薯渣出口额相对进口额高出 5 亿～8 亿美元，中国 2015 年出口额比进口额高出 1.14 亿美元，泰国是从 2010 年出现木薯渣出口额高出进口额的情况。而世界上主要进口木薯渣的国家包括韩国、日本等国家，尤其是韩国以快速增长的速度逐年增加进口，而日本则每年都保持在几千万美元的差额。

表 6 - 8　木薯渣主要进出口国家近年数据　　　　　　　　单位：美元

年份 国家	1995	2000	2005	2010	2015
中国	4381	- 950393	17839789	67920345	114767414
日本	- 45453324	- 36903960	- 75182056	- 104921479	- 69957818
韩国	- 4677102	- 6232820	- 26170742	- 116054134	- 126062330
泰国	- 14208203	- 18889777	- 3401572	37316976	29082364
美国	870485871	592263574	514070041	639503595	681715087

资料来源：UNcomtrad.

综上所述，世界木薯深加工主要集中于美国、中国、日本、韩国、泰国、荷兰等发达程度较高的国家，非洲等主要木薯产区深加工程度很低。同时，木薯深加工程度各有不同，泰国、中国等木薯产区本身深加工程度也相对其他国家要低，主要还是集中于初级产品或原材料的加工。

第五节 世界木薯的研发格局

世界粮食需求将会面临膨胀式的增长，学者预测在未来的 30～35 年粮食需求将会增长 110%。在如此紧张的粮食需求压力下，许多国家将希望寄托在了木薯作物上。联合国曾表明，木薯将会成为全球性粮食。这样的主张是来自木薯本身产量上的潜力。学者研究发现，木薯种植在肥沃的土地上可产出比贫瘠土地高 2 倍的产量。木薯由此在科学研究方面备受关注。

从公开发表的文献来看，近年来学术对木薯关注度较高。仅 2013～2014 年就有超过 700 家机构、90 个国家/地区的学者公开发表关于木薯主题的文献，共发表文章约 500 篇。按公开发表文献的数量来看，巴西、中国和泰国是这两年来学术成果最多的 3 个国家，其发文量约占世界木薯专题文献的 50% 以上；其中贡献最大的学术机构是巴西农牧研究所、圣保罗州立大学和隆德里纳大学。中国研究木薯的机构主要是中国科学院、中国农业科学院和广西大学，其他各个省市也有一部分的研究机构和学者，约有 90 个机构在这两年发表过关于木薯的文章。长期以来，人类为了粮食问题、科技进步在木薯研究方面已经做了大量研究，而今研究和研发工作也已经步入合作阶段。2003 年全球木薯伙伴关系（GCP21）成立，由来自全世界从事木薯研究和开发的 45 个组织组成，致力于提高木薯生产潜力。该组织得到了洛克菲勒基金会、美国国际开发基金会、比尔和梅林达盖茨基金会、霍华德·G. 巴菲特基金会、孟山都基金会的支持。

从研发的学科分布来看，目前关于木薯深加工方面的研究占比较高，涉及领域首先是食品科学技术，其次是应用化学、微生物工程、生物技术，最后是植物学、农学、材料科学等，主要研究内容包括：①能源燃料、化学学科和食品科学技术。对吸附、淀粉臭氧氧化特性等，脱氰、氰化物及干物质含量测定，玻璃化及物理老化，薄膜和涂料配制，甘油复合纱，蛋白质理化，接枝聚丙烯酸特性，发酵分子表征及抗菌活性，分离芽孢杆菌生产环糊精，二氧化硫乙酰化，发酵工艺，类胡萝卜素，曲霉、霉菌毒素模式，湿热处理及微波辐射，酒精废水发电及对甲壳素、壳聚糖生产影响，木薯渣可生物降解活性包装，乙醇生产糖化、发酵及饲料，木薯燃料等均进行研究。②生物学、遗传学和农学。对种质特性SNP标记，寄生线虫、frogskin病、粉虱天敌，抗氧化活性和总酚含量，加倍单倍体，控制肿瘤蛋白基因分子克隆、鉴定，延伸因子分离鉴定，基因表达及特征，铵比率对木薯生长及气体交换影响，淀粉热氧化降解等均进行研究。

从品种研发的角度来看，泰国、印度、中国等亚洲国家对品种的研发正在逐渐超越木薯主要产区的非洲国家。国际上的木薯研究最为著名的两家研究所分别是位于哥伦比亚的国际热带农业研究中心（CIAT）和尼日利亚的国际热带农业研究所（IITA）。此外，其他木薯主产国也都设立了自己的木薯研究机构，开展木薯育种、栽培及其他研究工作。在这些研究机构中，泰国与印度的成果也跻身世界前列（李维胜，2014）。中国木薯种植起步较晚，木薯品种研发较为滞后，很多木薯品种是从国际热带农业研究中心（CIAT）、泰国等国外科研机构引进。当前中国从事木薯品种及种植技术研究的主要是"广西木薯研究所"。该所于2009年7月1日挂牌成立，是目前国内唯一的木薯研究所，前身是广西壮族自治区亚热带作物研究所木薯研究开发中心，自1981年始从事木薯研究，也是国内最早专门从事木薯研究的单位之一。近几年国内主要种植的木薯品种是南洋红、华南5号、南植199等，新开发的品种主要有GR891、GR911、桂热3号、桂热4号、桂热5号、桂热引1号等，其中GR891是国内现有木薯品种中含粉量最高的品种之一，同时具有高产、早熟、优质低毒的特性。

从木薯种植机械化的研发来看，全球主要木薯主产国都致力于机械化研究，也取得了阶段性的进步。2005年，泰国Lungkapin研发出半自动的1行木薯种植机，可以实现半自动种植和施肥等工作，生产率可以达到0.11～0.16公顷/小时。巴西是世界上研究木薯种植机最早的国家之一，20世纪60～70年代就研发出2行播种机，生产率可达到1.25公顷/小时。目前巴西已经有农机公司研究出4～6行种植机，生产率也可提高到1.63～1.88公顷/小时的水平。此外，有如同马来西亚等国家研发出的切断机，可以有效地挟持根茎、均匀地切断茎秆。中国目前的木薯机械化研究在广西，广西目前研制出 1～4 行的木薯播种机，不仅可以实现翻耕精细整地，还可以一次性完成木薯茎秆挟持、切断以及开沟、施肥、栽培、镇压、覆土等联合作业，生产率为 0.4～0.7 公顷/小时。

第六节　世界木薯的专利格局

随着知识经济时代的到来，技术及其保护对木薯产业的发展壮大越来越关键。木薯产业专利遍及木薯品种研发、木薯种植/木薯加工及木薯种植/收获机械制备等产业链各个环节，其中木薯加工品应用方面（如食品、医药、日化、造纸）的专利最多，育植技术方面的专利数量也较多，此外还有动物饲料、变性淀粉及酒精生产等方面的专利。目前，世界木薯专利主要集中在美国、中国、欧洲、日本、澳大利亚、加拿大等国家。细分到专利领域，各国木薯产业的专利分布有所不同，美国专利主要分布在木薯育植、木薯加工及深加工方面，欧洲专利主要分布在木薯育种、加工品应用环节，日本专利主要集中在食物及日化用品的加工应用上。

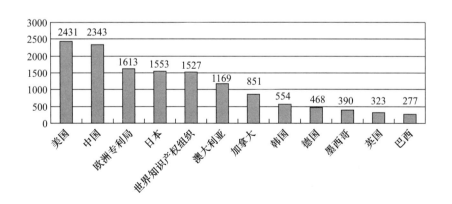

图 6-6　木薯产业全球专利地域分布

资料来源：李维胜，2014。

中国木薯产业专利申请量位居世界第二，主要分布在食品、变性淀粉、木薯加工品（造纸）等领域。从时间维度来看，1990～1997 年是中国木薯产业专利申请的启蒙阶段，这一时期每年木薯专利申请量在 20 件以下；1998～2003 年是中国木薯产业专利申请的启动阶段，这一时期每年木薯专利申请量逐年上升，后期保持在 50 件左右；2004 年至今是中国木薯产业专利申请的爆发式增长阶段，这一时期每年木薯专利申请量都有大幅增长，至 2012 年，中国每年的木薯产业专利申请量基本稳定在 300 件以上的水平。由于数据未完全公布，2013 年以后木薯专利数据尚未可知，但预期 2013 年以后中国木薯专利仍呈增长趋势。

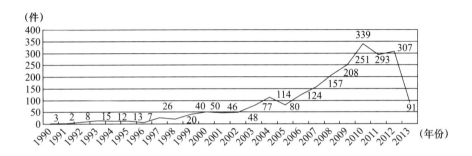

图 6 - 7　中国木薯产业专利数量变化趋势

资料来源：李维胜，2014。

从主要专利权人分布来看，中国木薯产业较大的专利权人主要集中于科研实力较强的高校和企业之中。其中排名前位的高校专利权人主要有华南理工大学（广东，48 件）、江南大学（江苏，46 件）、陕西科技大学（陕西，39 件）、广西大学（广西，26 件）、浙江大学（浙江，19 件）。排名前位的企业专利权人主要有巴斯夫植物科学有限公司（德国，45 件）、中粮集团有限公司（24 件）、内蒙古蒙牛乳业（集团）股份有限公司（21 件）、云南恩典科技产业发展有限公司（20 件）。从以上数据可以看出，广西虽然是国内木薯种植的加工大省，但具备雄厚专利实力的科研院所和企业实体较少，在国内主要专利权人上仅广西大学上榜。另外，国外公司也排在中国木薯产业主要专利权人榜中，中国木薯产业专利权人面临较大的知识产权挑战。

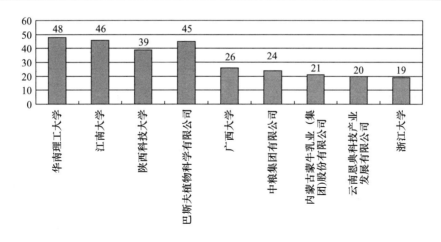

图 6-8 中国木薯产业主要专利权人分布

资料来源：李维胜，2014。

从地区分布来看，中国木薯专利主要集中于广西、广东、江苏、北京、上海、山东、安徽等省（市、区），其中广西的专利数量最多，有 249 件；广东专利数量位居其次，有 206 件；江苏位居第三，有 152 件；北京位居第四，有 110 件；上海、山东、安徽等省市木薯产业专利数量也不少，达到 70 件以上水平。值得注意的是，美国和德国在中国也布局有许多木薯专利，其中美国有 160 件，德国有 74 件，对中国木薯产业发展构成一定威胁。

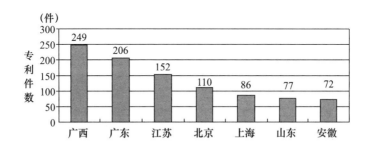

图 6-9 国内木薯产业专利分布

资料来源：李维胜，2014。

广西木薯种植面积和收获量排在全国首位，也分布多家规模较大的木薯企业，木薯专利数量属全国第一，但与发达国家比起来，广西木薯产业专利保护工作起步较晚，申请的专利数量较少、申请保护的范围较小。如图6－10所示，广西木薯产业专利起步于1995年（美国等起步于1970年左右，中国起步于1990年）。2007年开始，全区木薯产业专利数量呈快速增长态势。截至2013年，广西当年申请获得木薯专利49件，累计拥有专利249件。由于数据未公布，2014年、2015年广西木薯专利数据尚未可知，但可以预期这两年广西木薯专利仍有一定增长。

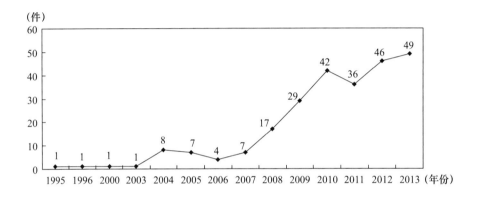

图6－10　广西木薯产业专利数量变化图

资料来源：李维胜，2014。

从专利权人分布来看，广西木薯产业专利权人以个人或其他的申请人拥有的专利最多，数量为80件；其次是公司拥有的专利最多，数量为69件；研究院所中心第三，拥有41件；大学专利数量排第四位，为39件；学院排第五位，有18件。主要的专利权人有广西中粮生物质能源公司（27件，主要集中在制备乙醇、木薯粉碎方面，起步于2009年）、广西农垦明阳生化集团公司（13件，主要集中在变性淀粉生产、可降解膜等木薯加工领域，起步于2011年）、广西大学（21件，主要集中于木薯收获装置、木薯渣/秆/叶加工、淀粉制备加工等，起步于2007年）、桂林理工大学（11件，主要集中于木薯淀粉废渣加工、废水处理及木薯淀粉制备等，起步于2005年）。

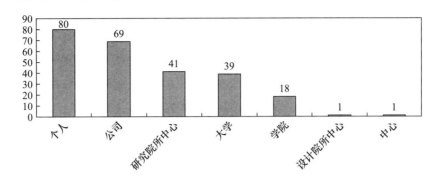

图 6 - 11　广西木薯产业专利权人分布

资料来源：李维胜，2014。

从专利类别来看，广西木薯产业专利分布在木薯加工成淀粉的专利（图中对应的代码是 C08B）数量最多，为 40 件；加工成动物饲料的专利（对应的代码是A23K）数量排第二，为 26 件；木薯育种专利（对应的代码是 C12P）数量排第三，为 22 件；木薯种植（对应的代码是 A01G）、木薯加工用于食品（对应的代码是 A23L）等有关专利也有一定数量。

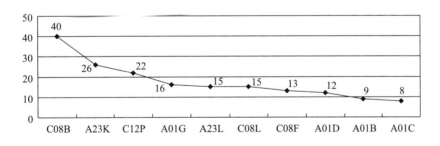

图 6 - 12　广西木薯产业专利种类变化

资料来源：李维胜，2014。

近年来，广西高度重视木薯知识产权工作，专利申请数量显著提高，新的专利和发明不断涌现。例如，广西木薯研究所申请的两项发明专利"一种木薯开发调控技术"和"一种木薯抗风增产栽培技术"获得国家发明专利证书。但总体而言，广西木薯专利在高、新、尖等方面仍有待加强。

第七章　世界木薯产业对广西
木薯产业的影响

从本书上一章节的分析可以看到，世界木薯发展近十年来有了翻天覆地的变化，第一、第二产业的发展格局已经形成区域优势的特点。广西是中国木薯产业的主要省份，其木薯种植面积占全国种植面积的 60% 以上，木薯深加工企业数量位列全国之首。研究世界木薯产业发展对广西的影响以及对于全面认识中国木薯面临的变化具有重要意义。本章将从木薯产业所涉及的第一、第二产业进行分析。

第一节　世界木薯产业对广西木薯种植的影响

木薯长期以来属于各国的主要粮食作物，是各国农业政策主要保护和支持的对象。随着我国多产业的发展需求，木薯种植要受到诸多方面的影响，譬如产品本身的需求和价格、替代品的需求和价格、粮食政策的变化、国外的需求和供应的变化等。这里主要考察世界木薯本身形成的产业趋势和产业布局对广西木薯种植产生的影响。

一、对广西木薯种植规模的影响

从整体上来看世界木薯需求的增加并没有刺激中国（主要是广西地区）增

加木薯种植规模。从国际粮农组织（FAO）数据库的数据来看，中国的木薯从1990～2003年总产量保持2%左右的增长速度，2004～2006年总产量变动率较大，但变动幅度未超过8%，2007年后每年大致保持1%～2%的增长速度并没有出现大幅激增的现象（见图7-1）。在单产方面，中国长期以来单产也保持比较稳定的增长率，变动规律大致与总产量相符。而尼日利亚则情况大不相同，由于世界和本国的需求增加，尼日利亚木薯总产量随之大幅提高，但单产一直保持较低的水平，这种增加要归功于土地资本的投入。泰国是中国近年来最大的木薯国际贸易伙伴，同时也是最大木薯出口国，其木薯产量一直保持比较高的增长速度，单产水平也远高于中国36个百分点。上述两个代表性国家木薯总产量变动明显，部分年份总产量和单产水平甚至超过20%以上的变动率。另外从中国近年来逐年增长的新鲜木薯和木薯干片的进口量可以进一步说明，国内外的需求对中国种植规模影响较小。

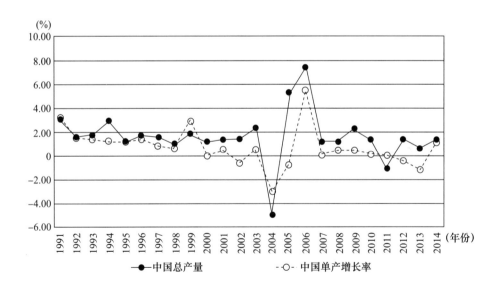

图7-1　1991～2014年木薯总产量和单产量增长率

二、对广西木薯种植效率的影响

世界木薯产业发展形势需要广西木薯不断地提高生产效率和劳动效率来维持

竞争力。长期以来，中国新鲜木薯价格高，在国际贸易当中不具备比较优势，致使中国新鲜木薯进口量逐年增大。仅与泰国木薯价格相比较，中国新鲜木薯年均高出 59 美元每吨，2009 年中国木薯价格比泰国高 174.35%，自 2011 年后两国木薯价格差距不断缩小，到 2013 年中国新鲜木薯价格也仅高出泰国木薯价格的 45.07%。从前面章节分析我们发现，近年来广西木薯生产投入的劳动力不断减少，而机械化应用不断增加，国际形势已逐渐迫使中国要生产成本和资本投入结构上有所突破。

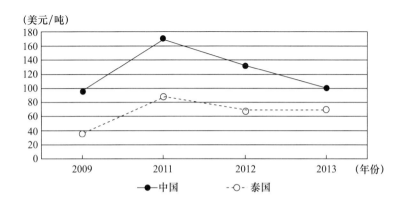

图 7-2　中国和泰国新鲜木薯价格对比

三、对广西木薯种植技术改进的影响

木薯不利于土壤土质的普遍认知使广西木薯种植布局更注重生态环境问题。由于木薯可造成土壤去营养化，适应土壤贫瘠的土地，在多种农作物经济效益相对较好的情况下，广西农户和世界木薯主产区的农民一样将木薯种植在贫瘠的土地或是和其他农作物进行间种。这样的种植和生产习惯直接可以影响农户化肥使用量，原因包括：第一，使用贫瘠土地上的木薯大多数不是农户主要的种植收入来源并不值得农户进行投入；第二，采用与其他农作物间种的方式已经可以让土壤肥力得到保持和循环，不再有必要使用化肥，这一点和国际上的经验是非常吻合的。

第二节 世界木薯产业对广西木薯深加工的影响

世界木薯深加工产业已经成为木薯产业的重要组成部分，技术创新和进步给木薯带来更多的发展空间和获利空间。目前，除了非洲欠发达地区仍旧以木薯作为主要粮食以外，泰国、中国、美国、巴西等其他国家或地区木薯第二产业化程度都比较高，属于木薯原产国的相应比例也在提高，尤其是泰国、印度尼西亚、中国、日本等为核心的亚洲国家发展更是迅速。广西木薯深加工行业在国内具有重要地位，与世界各国贸易紧密相连。下面将从变性淀粉、淀粉糖、化工产品三个部分分析其中影响的关系。

一、对广西木薯变性淀粉的影响

广西木薯变性淀粉是木薯深加工的原材料供给，是国内木薯相关产业深化发展的重要组成部分。世界木薯格局的变动对广西木薯变性淀粉本身行业发展不可避免地带来影响，不仅是关于产业周期、产业内部升级、产业类型转变等多方面都会带来契机和威胁。

（一）广西木薯变性淀粉将是快速增长的产业周期

从国内外的数据分析可以看出，木薯变性淀粉呈现着快速增长的趋势。广西木薯淀粉产业得到快速发展的原因是来自多方面的，首先在需求端上国内外都面临着产业不断升级，木薯深加工行业发展本身所带来的需求非常庞大。近年来，广西木薯淀粉加工不断攀升，但与此同时下游木薯深加工的原材料增长更是迅速。目前，国内年产木薯原淀粉50多万吨，变性淀粉近百万吨，但仍不能满足国内的需求。因此，中国近年来对木薯及木薯淀粉的进口量是逐年递增的。按行业周期理论的结构来看，增长速度呈递增态势的增加则该行业处于生命周期中的成长期，这个时期的行业企业规模经济效应明显。从基本数据上来看，广西木薯变性淀粉行业满足这个时段的特征，正在也即将在未来一段时间处于快速增长的行业周期。

（二）广西木薯变性淀粉市场类型面临转变

广西木薯淀粉厂规模小、数量多，产品同质化程度比较高，厂商对变性淀粉的价格控制能力较小，是比较典型的轻工业产品市场。近年来，东南亚国家木薯淀粉加工行业也迅速发展，木薯变性淀粉的生产量、出口量逐年攀升，且形成较快的发展速度。广西作为中国木薯行业的重要省份，虽然具有一定的国内区域优势，但不可避免地要承担来自国外生产厂商的竞争压力。出于对省内木薯加工企业的规模化发展路线的考虑，广西已形成行业内比较认同的规划，将广西木薯行业做大做强，淘汰环保施设差、技术工艺落后、规模较小的淀粉加工厂，最终形成能够在资金、技术、人才优势化集中的龙头企业。

（三）广西木薯变性淀粉行业不断加强产业内部升级

广西木薯淀粉近年来的加工量逐年攀升，这不仅由于中国本身深加工庞大的需求和贸易政策，同时还取决于本国木薯淀粉价格优势薄弱和贸易对手国强大的竞争力。泰国是木薯的主产国，气候条件适宜，且普遍种植木薯区域的土壤相对肥沃，单产水平也是世界前列，目前已经形成独有的生产贸易优势。面对强大的贸易合作伙伴，广西的木薯淀粉企业继续采用本国木薯、不争取技术突破，将无法与之抗衡，且将会面临本国木薯淀粉份额减小的风险。随着中国东盟自由贸易区的发展，进出口贸易壁垒逐渐减少，更是促进中国企业进口和走出去的战略。20 世纪 90 年代，中国、印度尼西亚、马来西亚和日本等国家是世界上主要的木薯淀粉进口国，泰国、印度尼西亚、巴西是最主要的木薯淀粉出口国。近 20 年来，木薯淀粉贸易以中国、泰国、印度尼西亚、马来西亚等亚洲国家为主，逐渐形成以中国—东盟国家为中心的贸易核心。从以上章节的分析我们知道，泰国等东南亚国家木薯价格要比国内低，中国部分企业通过投资泰国、越南等国家或增加进口从而进一步促进国际之间的贸易。

二、对广西淀粉糖行业的影响

淀粉糖行业是淀粉产业的下游行业，以淀粉和发酵剂作为原材料生产淀粉糖，而产出的淀粉糖又可供应给下游企业。目前为止，中国淀粉糖行业发展迅速，潜力无限，但仍然未能够占据主流地位。木薯和淀粉糖是上下游产业的关系，世界木薯的发展对广西淀粉糖行业的影响的间接力量大于直接力量，主要有以下几点：

（一）广西淀粉糖行业规模小，国际木薯带来的直接影响较小

在国际上，淀粉糖已经成为主要糖源，且形成一定的优势地位。泰国早在20世纪90年代就在淀粉糖行业得到快速发展，1990~1995年以木薯为原料的葡萄糖进口额就翻了一番。中国的淀粉糖行业从21世纪初进入高速发展时期，2012年全国淀粉糖产量高达1300万吨，比1999年增长了22倍，位列全球第二；到2013年已然发展成为世界上最主要的供应商之一。美国、韩国、日本等发达国家，淀粉糖的消费量远远超过砂糖，是人们主要的食用糖源。然而，我国淀粉糖的研究开发比较晚，在生产工艺、加工成本等方面远远落后于发达国家。我国的淀粉糖产区主要集中在山东、东北、河北等北方省份，产量占全国淀粉糖的70%以上，且80%的全国淀粉前20强企业也集中在北方。广西是甘蔗的主产区，糖业以蔗糖为主，且蔗糖相比淀粉糖容易保存且更容易受到落后地区企业的喜欢。因此，从规模而言，广西淀粉糖企业规模非常有限，世界木薯淀粉目前对其产生的直接影响有限。

（二）东南亚国家木薯产业发展，有利于广西淀粉糖行业发展

淀粉糖行业是典型的中间需求行业，而相对于木薯淀粉行业是最终需求行业。淀粉糖的上游产业主要是淀粉和发酵剂两大板块，而中国的淀粉行业当中有85%是以玉米为原料，淀粉糖行业的下游行业包括制药、保健食品、饮料、糖果行业等，下游行业的发展程度也是决定淀粉糖迅速增长的源泉。木薯淀粉行业的产业需求结构和比例将决定着最终需求行业与其专业协作水平。目前，东南亚国家凭借其特有的自然资源优势不断地发展本国的木薯淀粉行业，专业水平、产出质量等均有大幅度的提高，对于下游企业而言无疑也提供了更优质的中间产品。广西具有独一无二的自然资源优势，首先其毗邻越南等东南亚国家，其次其本身也是中国木薯的主要产区。当本国木薯淀粉难以满足下游企业的需求，且东南亚国家的产品更为物美价廉，如果发生产业转移以后，广西将会成为最具有地理优势的淀粉糖加工区域。

（三）木薯进出口贸易政策促进广西淀粉糖成为新兴领域

就淀粉糖行业本身而言，其并不是新兴产业，但确实目前在生物工程领域是最具潜力的产业之一。淀粉糖的产品线比较丰富，包括葡萄糖、麦芽糖、低聚

糖、海藻糖、麦芽糖醇、山梨醇、甘露糖醇等 30 多个品种，它不仅是中国食品行业的重要组成部分，同时也可作为医药、饲料、纺织、造纸等重要的原材料。淀粉糖行业可有效地带动农业、工业多产业的发展，同时已成为中国具有潜力的行业之一。随着木薯进出口贸易政策的不断放松，社会分工促进国家之间资源、劳动力、产品的交换，促使国内相关紧缺资源的产业得到推动，弥补本国该类产业的不足。而且从比较优势上来说，随着中国人口红利的消失，东南亚国家廉价的劳动力、资源成本都会使得国家之间分工进一步深化，对于广西而言可以将劣势转化为优势，在新兴领域上进一步发展，提高专业技术和科技水平，形成以高新科技为主要载体的领域。

三、对广西化工产品行业的影响

为了有别于上文提及的两个行业，下面所要分析的广西化工产业行业主要指的是以木薯淀粉作为原材料的有机化工产品行业，例如：酒精、梨醇、乙醇胺、柠檬酸等，同时也包括橡胶、农药、油脂、包装品、化妆品、军用品等下游行业。目前，广西涉及木薯淀粉下游深加工最主要的就是酒精，它可作为汽油中的添加燃料，具有较大的市场潜力。2015 年，广西木薯酒精企业已超过 10 家，产量超过了 40 万吨，木薯酒精产量居全国首位。在前章分析，我们也知道广西木薯主要流向食用白酒和燃料乙醇，其中食用白酒占比较高。目前，世界木薯产业对中国化工产品的影响主要包括来自供应段的影响，主要包括木薯淀粉的价格、供应量以及相关工艺技术方面。

（一）国内国际价格趋同，有效降低酒精生产成本

长期以来，由于国内木薯单产水平低，产品质量相对泰国木薯差，但由于国际贸易中 WTO 农业规则当中对农业仍具有一定的保护，因此国内木薯价格一直保持比国际木薯相对偏高的水平。随着国际贸易的推进，国际木薯和国内木薯价格逐年缩小差距，加之贸易壁垒的逐步瓦解，国际木薯进入中国国内得以增加。同时，中资企业通过投资渠道走向世界，促进区域内国际间的专业协作。这种现象无疑对广西酒精企业是一个福音，不再需要担心供应量无法与化工产品高速增长的势头相匹配，而且可以促进自己行业的发展。在发展的过程中，虽然中国木薯进口依存度将逐渐升高，议价能力也将会受到影响，但由于中资企业跨国经

营，也将在未来可以有效防止供应商提价惜售。

（二）国际工艺技术提升有助于广西下游行业产业升级

世界木薯淀粉行业近年来在泰国、巴西、越南等国家都受到学界的重视，木薯淀粉工艺明显取得相应的提高，泰国木薯淀粉的纯度得到提高，中国化工产品企业能够获得更优质的原材料用于生产，且有利于整个产业技术进步和产业升级。

第八章 广西木薯产业发展战略分析

第一节 基于 SWOT 模型的广西
木薯产业发展战略分析

内部和外部发展环境分析是战略分析的重要过程。本书通过认真比较分析，选取了竞争战略中经常使用的 SWOT 分析方法，立足广西木薯产业的现状，从行业竞争优势（S）、竞争劣势（W）、面临机会（O）、受到威胁（T）四方面进行分析，得出广西木薯产业发展战略建议。

一、优势（Strengths）

广西作为热带亚热带地区，木薯种植历史较长，加工企业具备一定基础，在发展木薯产业上具有许多优势。

（一）自然条件优越

广西的气候土壤适于木薯生长（罗兴录，2004；卢庆南等，2006）。一是温度方面。广西年平均气温 $17 \sim 22℃$，无霜期长达 $280 \sim 360$ 天，南部部分地方终年无霜（卢庆南等，2006），这完全符合木薯生长要求的 1 年 8 个月以上的无霜期、月平均温度 16℃以上的条件。可以说，广西的热带亚热带气候，为木薯的栽培、生长、推广提供了天然的优良条件。二是雨量方面。木薯较为耐旱，对降雨量的要求不高，年降雨量在 356～506 毫米以上即可（罗兴录，2004）。广西年平均降雨量 1250～1750 毫米（罗兴录，2004；卢庆南等，2006），非常适合于木薯生长。三是土壤条件。木薯对土壤的要求不高，比较耐贫瘠，一些肥力较低、条件较差的山坡地种上木薯也有一定产量。广西由于自然条件限制，平原较少，丘陵、山地较多，土地比较贫瘠，一些平原上常见的农作物很难成长或者即使种植也难有高产。而种植木薯却能够获得较高产量，具有较大优势。

（二）产业基础良好

一是种植面积广。广西是中国木薯主产区，种植面积超过全国 70%，是中国木薯第一生产大省。与其他作物比较来看，广西木薯种植面积也较大，仅次于水稻、玉米和甘蔗，是广西第四大农作物。广西所辖地市中很多农民都重视木薯种植，种植面积位于前列的是南宁、柳州、钦州、北海、百色、河池等市。木薯种植在这些地市，不仅是农村的主要种植形式，也是当地农民经济收入的主要来源（卢庆南等，2006）。二是产业模式日趋成熟。广西种植木薯的历史比较长，广大农民有着丰富的木薯种植经验。经过多年的积累，广西不少县乡已经形成了"公司＋种植基地＋农户"、"合作社＋农户＋公司"以及"政府＋公司＋农户＋科研机构"等发展模式，当地的木薯产业逐步规模化、经营管理规范化，部分公司还不断加强产业链整合，将木薯淀粉加工和酒精加工融为一体，向集团化的方向不断发展。

（三）技术优势突出

广西木薯产业专利申请量排在全国第一位，专利覆盖种质培育、木薯种植收获机械、木薯食品、木薯淀粉、木薯造纸、木薯酒精、木薯饲料等产业链主要环节，已构建起木薯种植栽培、淀粉和酒精生产以及深加工的木薯产业框架。一是品种选育和高产栽培技术不断提高。目前国内唯一的木薯研究所落户在广西。该研究所已选育出华南 5 号、华南 6 号、华南 7 号、华南 8 号、华南 9 号、南植 199、GR891 和 GR911 等优良品种。这些新产品中有的鲜薯产量可达 30～45 吨/公顷，比老品种增产 80%；有的淀粉含量可达 30%，比老品种提高 2% 以上。在种植方面，根据木薯和西瓜、黄豆、玉米等作物生长期长短和植株高矮不同，将两类作物采用间作的种植方式，同时积极推广"三避"（避雨、避寒、避晒）栽培技术，获得了显著的经济效益。二是木薯深加工技术不断成熟，广西木薯加工业基础良好。广西木薯淀粉企业发展比较早，现已从单纯的木薯原淀粉加工发展到以变性淀粉、淀粉糖以及糖醇等多种有机类发酵加工品的深加工业态。在此基础上，通过自主研发和技术交流，目前也有相当一部分企业发展了木薯酒精以及下游产业的生产。目前木薯淀粉和木薯酒精已经可以为燃料乙醇、山梨醇、丙酮、丁醇等化工用品和医药用品提供优质的原材料。随着科研体系的完善，广西生物质能源在生产研发体系逐步确立、发展并取得了一系列的进步。根据有关资料统计，广西生物质能源在研究方面具备了一定的实力，也取得了数百项科研成果，其中获国家、省部级科技进步奖几十项（卢庆南等，2006）。

二、劣势（Weaknesses）

广西虽然自然条件优越、产业基础良好、在国内具有先发优势，但与泰国等木薯生产大国及广东、山东等经济发展大省相比较，广西发展木薯产业也有一定劣势。

（一）种植品种单一、良法推广率低

与印度、泰国、越南等国相比，中国（包含广西）木薯种植还有较大不足。一是品种单一，产业原料选择空间小。广西虽然已开发了一系列木薯新品种，但新品种推广率低，目前种植仍然是以高产的淀粉加工型品种为主，酒精加工型和饲料专用型品种较少；绝大部分木薯品种属晚熟品种，收获时间比较集中，两者导致广西木薯加工企业产品种类较少、综合效益较低。二是良种良法推广率低，单产水平不高。良种良法是提高产量、提高效率的基础。但是如果得不到广大种植农户的认可，就无法发挥其应有作用。例如，广西木薯研究所研发的华南 5～9 号、南植 199 等优良品种中国产量高、含粉高，但由于在宣传推广方面做得不够，种植农户没有认识到使用新品种的必要性，导致这些新品种在国内的种植面积达不到总种植面积的 50%，而且产量也没有达到理想水平；再加上选择间套种模式种植木薯的农户较少，种植方式粗放，导致广西木薯种植单产水平不高。目前中国木薯单产仅 16.27 吨/公顷，低于印度、泰国、柬埔寨、越南等邻国。

（二）加工业原料外贸依存度高

虽然广西是国内主要的木薯生产加工省区，但随着国内市场需求的急剧扩大，广西木薯原料供应远无法满足加工企业需求的增长。与泰国、越南、印度尼西亚等国相比，中国（包含广西）木薯加工业原料严重依赖进口，外贸依存度较高，供应链较长，比较容易受到货币、外交及国外产业政策的影响。近几年来，中国木薯进口量已大大超过国内木薯产量，如 2013 年中国仅木薯干片（不包含木薯粉、鲜木薯）就进口 738.88 万吨，同年中国木薯产量只有 459.95 万吨，进口量几乎是国内产量的 1.5 倍。

（三）木薯产业综合利用效率低

虽然广西在国内具备一定的技术比较优势，但受经济发展水平和技术推广体系制约，广西技术的比较优势并未充分发挥出来。与泰国等国相比，广西木薯加工企业较多，但大部分木薯加工企业投入不足、规模较小、加工技术还有差距，木薯加工过程往往出现"废弃物多、能耗高、耗水量大、污染重"现象，严重影响周边环境，给环保事业带来不利影响。与广东、山东等国内经济发展省份相比，广西高端产业集群水平不高，木薯产业下游产品延展能力不足，木薯深加工品种较少，综合利用率较低，产业附加值不高，综合效益有待进一步提升。

三、机遇（Opportunities）

近年来，随着中国经济持续快速发展，居民消费结构持续升级，粮食安全问题、能源紧缺问题和环境污染问题日益突出，国家对贫困地区发展的日益关注，木薯产业发展迎来重大机遇。

（一）木薯产业需求扩大

2001～2014 年，中国 GDP 总量从 110270 亿元增加到 636139 亿元，翻了超过两番；与此同时，中国从国外进口木薯量也从 2001 年的 197.76 万吨增加到 2013 年的 738.88 万吨，进口量接近翻两番。经济发展与木薯产业需求扩张呈高度正相关关系。根据"十三五"规划，未来 5 年，中国经济发展速度有望保持在 6.5% 以上增长，GDP 增量将持续扩大。随着经济社会的快速发展，中国淀粉、酒精及其深加工业有望迎来新的成长期，国内市场对木薯的需求将逐年增长。经济扩张伴随着石油消耗量逐步扩大。在环境诉求和石油缺口压力下，国内越来越倾向使用乙醇汽油，也必然刺激对燃料乙醇的需求，促进木薯燃料乙醇产业的发展。可以预见木薯产业需求仍将保持显著增长。

（二）产业政策大力扶持

木薯是制造燃料乙醇的最经济可行的非粮原料，在发展生物质能源、缓解能源供求矛盾、改善生态环境方面的重要性日益突出。进入 21 世纪以来，中央和地方为鼓励非粮乙醇等生物质能源的发展，先后颁布多项政策性措施。中华人民共和国第十届全国人民代表大会常务委员会第十四次会议 2005 年 2 月 28 日颁布《中华人民共和国可再生能源法》，这部中国历史上首部再生能源法正式于 2006 年 1 月实施。此后，中央着力研究并发布《可再生能源中长期发展规划》，相应还出台了关于可再生能源产业发展的指导意见和管理办法。生物燃料乙醇作为重中之重，还有例如《生物燃料乙醇产业发展政策》、《关于加强生物燃料乙醇项目建设管理，促进产业健康发展的通知》（国家发改委、财政部，发改工业〔2006〕2842 号），这些政策当中都从各个角度明确燃料乙醇方面需要财政补贴和产业政策支持。国家《生物燃料乙醇及车用乙醇汽油"十一五"发展专项规划》，指出为了积极培育石油替代市场，确定合理布局，"十一五"期间生物液态燃料的生产量目标为 600 万吨，其中燃料乙醇 500 万吨。从产业政策看，《产业结构调整指导目录（2011 年本）（修正）》意图鼓励生物质纤维素乙醇生产技术的开发与应用，同时，限制酒精生产线、粮食转化乙醇列等项目，并淘汰产能较低（3 万吨/年以下）的酒精生产线（废糖蜜制酒精除外）。因此，可以预见，乙醇新增产能必定会集中在非粮乙醇领域，尤其是集中在纤维素乙醇和煤制乙醇领域。2015 年，国家"十三五"规划提出"推动低碳循环发展"，要"提高非化石能源比重"，"加快发展风能、太阳能、生物质能、水能、地热能"，实施新能源汽车推广计划等。这是木薯产业发展的重要机遇。

（三）中国—东盟自由贸易区打造升级版

中国为了解决中国国内原材料供应不足的现状，很多木薯加工企业将目光投向地缘较近的东南亚国家，它们每年从泰国、越南、印度尼西亚等国家大量进口木薯粉、木薯片等木薯原料。2010 年中国—东盟自由贸易区全面建成，中国与东盟原 6 国的全部产品（部分敏感产品除外）关税降至 0。在此基础上，近些年中国将着力打造中国—东盟自由贸易区升级版，其内容包括：2015 年对东盟所有国家的全部产品（部分敏感产品除外）关税降至 0；2018 年对东盟所有国家剩余的部分敏感产品关税降至 0。中国—东盟自由贸易区的升级将有利于中国企业扩大与东盟国家相关企业的联系，更大批量进口木薯相关原材料中国，为广西木薯加工企业提供更加稳定的原料来源，从而稳定国内木薯产品生产。

（四）扶贫攻坚事业进入决战期

广西目前还有贫困人口约538万，扶贫攻坚任务艰巨。这些贫困人群大多居住在山区，生产生活环境比较恶劣，种植水稻、玉米等经济作物产量较低、效益不好，但木薯可在这类贫瘠地区较好地生长，且其经济价值较高，是贫瘠地区可靠的致富作物。大力发展木薯产业可带动一大批农民群众提高收入。党的十八届五中全会提出，到2020年，要实现"现行标准下农村贫困人口实现脱贫，贫困县全部摘帽，解决区域性整体贫困"的奋斗目标，这为木薯产业发展迎来了重要机遇。近几年来，木薯产业发展的一大瓶颈即是种植面积和收获量没有质的提升，在扶贫攻坚事业的大力推动下，木薯产业有望纳入扶贫产业并得到各级政府有力的扶持推广。

四、威胁（Threats）

由于市场竞争和土地利用冲突，广西木薯产业发展也面临一些来自他国和他国产业的竞争威胁。

（一）原料供应竞争

受劳动力成本等生产要素制约，及自然资源禀赋差异、技术水平高低等因素影响，中国木薯种植效率较低、成本较高，泰国、越南、印度尼西亚等东盟国家在木薯价格上相对中国具有成本优势。中国—东盟自由贸易区建成以后，特别是打造自由贸易区升级版，泰国、越南、印度尼西亚等东盟地区国家的木薯干片、木薯淀粉等产品可零关税大量进入中国，对广西木薯产业的种植环节冲击较大。木薯产业种植环节面临他国产品的竞争威胁十分突出。

（二）土地利用冲突

人均耕地少、耕地质量总体不高、耕地后备资源不足是广西基本区情。据国土资源厅、自治区统计局的数据显示，广西现有耕地总面积为443.1万公顷，全区人均耕地1.31亩，低于全国平均水平。随着经济社会发展，建设用地增加，耕地保护的形势十分严峻。即使是在现有耕地面积保持不变的情况下，大面积发展木薯种植也面临着很大的困难，如其他粮食的种植需求以及本地特色作物如甘蔗的种植需求也会挤压木薯种植的土地需求。事实上，广西近年甘蔗种植面积的大幅扩张，极大地挤压了木薯种植业的发展空间。木薯种植业的发展壮大在土地利用上面临着甘蔗产业等相关产业的竞争威胁。

（三）他国产品和技术竞争

广西劳动力等市场要素成本较高，加工业整体还不发达，木薯产业在国际竞争中缺乏优势。一些走在前列的国家靠压低原材料价格，提高制成品价格来获取竞争优势。如木薯干片等原料价格低，而山梨酸、可降解膜等产品价格高，发达国家利用市场价格差，攫取了超额利润。部分木薯产业强国（如泰国）的市场要素成本较低廉，木薯产业体系较为健全，相关企业也在不断转型升级之中，技术更新速度加快，加工设备越来越先进，在中国市场份额越来越高，给广西木薯产业发展带来较大竞争压力。国外申请人（如美国、德国）在世界申请了大量的专利，尤其是在中国布局了大量专利，使得中国企业难以避开技术保护的障碍，中国木薯产业发展面临较大的技术壁垒。

（四）替代产品竞争

木薯的应用行业较广，但每个行业均存在替代产品进入的潜在威胁。如燃料乙醇是木薯产业发展的重要分支。但除木薯以外，玉米、小麦、甘蔗、马铃薯、甜薯、甜高粱等也可生产燃料乙醇。随着以非粮作物（如秸秆、枯草、甘蔗渣、稻壳、木屑、藻类等）为原料的第二代生物燃料技术的不断发展，粗纤维、农业废料也成为木薯的有力竞争者。在目前经济技术条件下，木薯是成本最低的制造燃料乙醇生产原料，但随着技术的进步，替代产品进入行业的威胁也会越来越大。

第二节　基于 SCP 模型的广西木薯产业发展战略分析

哈佛学派创设的 SCP 模型是产业组织理论当中重要的研究方法，它的研究路径是按市场结构（Structure）—市场行为（Conduct）—市场绩效（Performance）

展开的，上述研究路径也称之为 SCP 模型分析框架。SCP 模型分析框架主要的核心是将市场结构看作分析重点，市场结构与企业行为、市场经济绩效存在着因果关系。该模型从 20 世纪 30 年代逐步形成，为产业经济学家和研究者剖析市场提供了比较完善的理论框架。广西木薯产业研究属于产业经济学的研究范畴，虽然它所涉及的面比较小，SCP 模型在其中仍旧适用。为了更好地分析广西木薯产业发展的现状，将采取 SCP 模型来分析广西木薯产业相关数据。

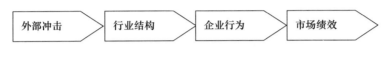

图 8 - 1　SCP 模型分析框架

一、外部冲击

（一）外部冲击

根据外部冲击的理论研究，在价格领域的变化上，外部冲击对不同类别的农产品的影响具有明显的差别。针对原材料型的农产品，外部冲击对价格变化影响较大，并且这种影响在近期影响效果非常显著，根据张利庠（2011）的研究模型，外部冲击的影响一般会对原始农产品价格波动幅度达到 3～5 倍。虽然原始农产品受到外部冲击的影响很大，但在农业产业链的不同环节受到的影响存在一定的差异。外部冲击对于下游农产品的价格的作用相对较小，而同时在农产品产业链的上游的加工部分的传导效应也相对较小，在木薯、水稻等农业产业链条中1% 的外部冲击会影响上游加工环节 1%～3% 的波动。目前，木薯种植方面广西只在国内具有一定的优势。

因此，在木薯产业链的外部冲击上，我们的研究结论是需要更重视农产品链中的生产和流通部分的价格传递问题。通过木薯农产品的财产保险、作物储备等预防措施来应对外部冲击以及对木薯产业价格的大幅度波动影响。

（二）技术突破

我国木薯产业在技术上通过采用湿法加工，目前已有的技术水平已进入世界领先水平。但根据"十二五"规划和去过剩产能的政府指导方针，农产品加工业需要加强节能减排。因此，一些木薯生产加工企业开始注重研究技术突破，在干法生产方向进行技术升级。在过去的数年中，木薯产业的技术进步速率整体提升。整个木薯产业在资源生产效率方面、环境污染方面、可持续发展与循环利用方面都取得了巨大的成果，按照国家在减量生产、资源再利用方面的有关政策，加强推动资源节约技术的应用，同时注重可再生资源的回收，采用高新技术对木薯灌溉、进行水循环高效利用，从而在技术层面进行突破，降低木薯产业的生产成本，以及付出的环境代价。

（三）政府政策和管理

我国政府在木薯产业政策方向上从原有的计划粗放型逐渐转变到精细化引导上来，国家发改委与农业部的有关指导意见提出，"十二五"期间，加强控制木薯加工产能的盲目扩张，避免产能过剩。把原有的以增加产量为目标的发展方针转变成理性的高效发展方针。同时我国木薯产业在整个产业链上主要是以低端生产、初步加工为主，整个国家木薯产业链附加值低，竞争激烈，出口规模有限。所以国家在整个木薯产业升级上提出了更高的要求。为了解决我国城乡二元结构失衡的问题，国家出台的《关于加快特色小镇建设的指导意见》等政策都有利于木薯产业进一步发展，且作为发展乡村的契机。木薯产业可借助产业结构调整，得益于区域综合体开发，获取有利的劳动力资源和资金保证，从而实现产业升级。

不可否认的是，全球低碳理念盛行，我国也相应出台多项环保政策，任何产业的发展都不可避免地受到冲击。2016 年 12 月 25 日《中华人民共和国环境保护税法》通过，自 2018 年 1 月 1 日起施行，第一部"绿色税制"的诞生将会对所有产业提出更好的环保要求。《"十三五"国家战略性新兴产业发展规划》提出，到 2020 年，绿色低碳、高端制造、生物等 5 个产业成为战略性新兴产业。同时，国务院在《"十三五"生态环境保护规划》更明确表示，大力发展节能环保产业，环保设备将会更上一个台阶。木薯淀粉加工厂长期以来一直限于严重的空气污染，对人体健康、居住环境有害。环保要求的提高将会把部分环保条件和设施落后的企业淘汰，同时在新兴产业的发展、环保设备的进步之下，木薯淀粉产业将会影响有更有环境的业态。这将会是一个残酷的升级换代时期。

二、广西木薯行业结构分析

产业行业结构是指企业市场关系的特征和形式，也就是构成产业市场的卖者之间、买者之间以及卖者和买者之间的商品交易关系的地位和特征，一般从三个决定因素来进行观察，分别是市场集中度、产品差异化程度和进入壁垒。

（一）广西木薯市场集中度

木薯淀粉是广西特色产业和资源优势产业，年产量达 46 万吨，产能及产量都居全国首位，占全国木薯淀粉总产量的 70% 左右。广西现有木薯淀粉加工企业生产木薯原淀粉 36.99 万吨，约占全国总量的 70%。且目前广西农业部分的规划将木薯淀粉加工企业整合成为少数几家具有优势的企业，以此增强竞争优势。

行业集中度是行业内规模处于前几位企业的市场份额之和，此处将广西木薯淀粉看成为主要整体，该值越大，垄断程度越高，公式为：$CR_n = \sum_{i=1}^{n} X_i / X$

根据美国经济学家贝恩分类法，将市场结构分为六个类型，其中 CR_4 值在 30% 以下属于竞争型市场，30% 以上按不同集中度则划分为 5 个市场结构类型，如表 8-1 所示。

表 8-1 贝恩分类法的市场结构类型

市场结构	CR_4 值（%）
集中度	
寡占 I 型	$CR_4 \geqslant 85$
寡占 II 型	$75 \leqslant CR_4 < 85$
寡占 III 型	$50 \leqslant CR_4 < 75$
寡占 IV 型	$35 \leqslant CR_4 < 50$
寡占 V 型	$30 \leqslant CR_4 < 35$
竞争型	$CR_4 < 30$

目前，广西木薯淀粉加工企业的 CR_4 值在寡占 V 型，且按目前规划形势来看，市场集中度还会继续升高，产业市场结构的垄断越来越明显。从福利经济学的角度来看，垄断程度的提高会导致社会福利的损失；但从企业竞争能力来看，

广西木薯淀粉企业要取得区域性的竞争优势，垄断程度的提高更有利于企业在技术创新、人才培育、资本注入，也有利于下游化工加工企业的发展。

（二）产品差异化程度

行业组织理论认为，厂商的主要市场力量来源于产品的差异化。广西的木薯产业在产品差异化方面区别并不显著。广西木薯主要用于第二产业的生产加工，对木薯产品的需求量主要取决于相关木薯加工企业的需求量，木薯加工企业对木薯的需求量取决于市场对木薯加工品的需求能力。根据已有数据统计，广西木薯加工品已发展到近百种，但仍以木薯淀粉、木薯酒精为主。木薯淀粉是木薯加工品中产量最大、需求最多的产品。淀粉糖是淀粉最大的需求行业，占淀粉需求量的 60%，医药、变性淀粉、啤酒、化工、食品、造纸等行业对淀粉的需求量比较均衡，长期以来，我国形成以蔗糖为主，淀粉糖为辅的食糖结构。随着淀粉加工工业改进，加工成本降低，产品质量提升，淀粉糖逐步发展成为我国食糖的重要补充，淀粉糖作为淀粉深加工的支柱产品，广泛用于食品、糖果、医疗、造纸等行业。随着我国由低收入国家逐步发展成为中等收入国家，人民生活水平提高，对食品、医疗、糖果、啤酒等产品的需求也在不断地增长。在蔗糖供给越来越难以增加的情况下，市场的空缺需要淀粉糖补上。近 20 年来，一方面我国淀粉生产规模不断增加，另一方面我国淀粉进口量不断增加，说明了国内淀粉市场需求的不断增强。可以预见，宏观方面，我国经济仍能保持较长时期的中高速增长，经济规模还会进一步增加；中观方面，食品、医疗、饮料、食糖等一系列关系国计民生的木薯相关行业将会持续壮大；微观方面，木薯需求企业以及居民家庭对淀粉及其相关产品的需求将会进一步持续增加。就木薯产业来讲，按照淀粉含量的高低又可以分为不同等级，质量好、价格高，顾客在权衡收益成本比例后，一般会选择交高级货。就选择哪家供应商而言，价格随行就市，假设供货质量稳定，在食品安全上有保障，这时产品消费者往往不会轻易改变货源。所以从产品的差异化角度来说，木薯市场存在一定的差异化，这就为潜在的进入者进入该行业制造了一定的困难。

（三）进入壁垒

1. 销售壁垒

广西木薯产业企业主要都是木薯淀粉、变性淀粉、酒精乙醇等工业原材料，从销售品类分类来说是典型的工业品，且属于工业品中的原材料。工业品的销售与消费品销售上有所不同。工业品销售要面对的是下游商家和中间商，例如木薯淀粉所要面对的下游商家大多是酒精、化工和医药等厂商，而消费品一般所要面对的是大众消费者。前者的销售具有很强的理性，他们的购买大多来自厂商本身的技术条件要求，有一套自己比较明确的技术规格，购买产品多以指标、价格、供货稳定和商家信誉作为主要的考虑因素；后者由于是大众消费者，则与品牌、个人喜好、行销力度等多变因素有关。从面对的消费主体来说，工业品的销售壁垒相对消费品而言更容易形成，且形成后坚不可摧。木薯淀粉以及其他深加工产品的厂商，随着自己的技术进步和与下游企业稳定的合作后，外来企业想要从中获取市场份额所需要做出的努力要更多。由于工业品的行销方式和渠道都比较单一，一旦行销渠道被垄断后，对外来企业潜在入侵者的资金实力、技术水平要求相对要高。

2. 技术差异壁垒

木薯行业的生产加工、增加附加值具有技术差异化，既有企业可以享有品牌认知度和顾客忠诚的优势。一个新的进入者必须不成比例地花费重金，用于广告和促销，以获得与原有企业不相上下的品牌知名度和美誉度。新进入者要进入该行业，要么接受市场配角地位，要么给予购买者一定的价格折扣或者额外的质量和服务来与既有企业相抗衡，这也就意味着新进入者的利润率会比较低。

木薯产品的衡量标准主要是淀粉含量、水分、泥沙含量以及纤维素含量。淀粉含量越高，水分、泥沙含量以及纤维素含量就越低，对机器的磨损程度也就越低，出酒率也就越高。原产地的不同决定了各项指标的高低和质量的高低亦不同。

3. 规模经济壁垒

规模经济壁垒是指某一行业逐渐形成规模以后，企业自己所拥有的资本投入、资源条件形成的一定水平，外来进入行业的企业要与之竞争所要达到的条件也越来越高，最终导致该行业进入壁垒的形成。木薯产业区分为几个层次：一是木薯种植业，二是木薯淀粉加工业，三是木薯相关延伸的深加工业。每个行业的规模均有所不同。首先，木薯种植业的规模都比较小，没有大规模生产，对进入者的资金、土地和技术要求并不高，外来进入者比较容易进入，规模经济壁垒不高。其次，木薯淀粉加工业目前就规模小、技术差的小加工厂不断淘汰，已经开始步入规模化的阶段，此时拥有资金小、规模小的加工厂在其中必然难以生存，此时规模经济壁垒已经形成。最后，对于木薯行业链深加工、高附加值部分的厂商，其具备一定的规模性，对于后发进入该行业的竞争者就会面对一个抉择：是否通过相对的小规模进入木薯产业，从而在生产成本上相比高于同行业水平；还是通过相对大的规模进入，与此同时，企业发展的风险性也存在较大的变数。加之木薯淀粉等工业品销售壁垒，新进入者想要争夺原有竞争者的市场份额，则需要花费 2~3 年的时间才能够获得下游厂商的认可，在此过程中新进入者要为消费者提供额外的服务。新进入者为了获得市场份额所投入的额外服务，也就是转化成本，而这就是规模经济壁垒对新进入者的要求。

4. 成本壁垒

成本壁垒是指后进入者相对现有企业而言所要付出的成本更高，因为现有企业在进入行业一段时间以后积累了很多优势。因为先入行业，他们可以优先在更多选择区位中优选厂址，掌握或拥有更好的专利和技术，固定资产投入不会受到通货膨胀过多的营销，与上游商场的稳定合作可获得更低廉的原材料，管理者的管理经验也能够得到一定的积累。从木薯淀粉加工商来看，随着进入行业的对行业规范和检测设备要求的先进程度趋于熟悉，他们可以随着行业规范程度的提高来更新自己的技术并适应市场，而对于他们而言会更快地能够识别和优化木薯的采购，也更有利于他们节约成本。

5. 政策和法律壁垒

政策和法律壁垒是所有行业都会面对的问题，因为新进入者比后进入者要优先获得相关的资质和许可证，对在政策和环境要求都相应提高的木薯深加工行业而言，越早进入的厂商越能够取得一定优势。随着政策要求的提高，政府相关部门对后来者的要求更加严格。曾有经济学家认为，政府设置的障碍是唯一有效的进入障碍。在那些受到法律法规、环境和安全标准管制的行业，市场新进入者同行业既有者相比，处于不利地位，因为遵守各项法规的成本对新进入者来说，高的政策法规对于木薯供应企业并没有特别的要求，只要具备一般企业的营业执照、企业组织机构代码证书、税务登记证、资质证书、卫生许可证、银行开户许可证等即可。相对于知识和技术密集型的行业来说，木薯行业进入壁垒较低。其他障碍来源，如专利技术、专业秘诀、学习和经验曲线效应等，对于新进入木薯行业的企业来说，影响非常小。

三、市场行为分析

广西南宁市政府 2013 年出台了《南宁市木薯淀粉酒精发展规划（2015～2020 年)》，该规划从 2013～2015 年须将南宁市 50 多家木薯淀粉酒精厂商整合缩减为 12 家，且争取到 2020 年减少至 10 家。政府对木薯产业的产业战略是市场竞争—整合—实现产业升级。

国内的木薯市场竞争日趋激烈，近些年来，木薯产业相关经营业务的企业逐渐增多。同时很多原先主攻欧洲市场的国外企业逐渐认识到中国市场的潜力，纷纷加入到行业的竞争中；部分中间商具备资金实力之后，扩大利润空间，直接转变为供方；酒精生产厂家或者化工企业都有自己专门的贸易部门，他们为了控制成本，独立进口。随着木薯行业竞争队伍的加大，行业竞争激烈程度不断加剧，产品同质化问题日趋严重。新开发的市场往往被第一批吃螃蟹的人看作是一块大蛋糕，而且进入门槛也相对较低，颇具诱惑力。木薯属于大宗产品，质量较难把握，产品同质化较高，造成了企业一窝蜂跟进的现象。自 2008 年以来，受国际金融危机的影响，国内经济实行强刺激政策，这也导致了之后的数年间，木薯产业的产能相对过剩。随着国内化工行业不景气，酒精行业开始整顿洗牌，绝大部分企业亏损经营。国内玉米连年丰收，副产品 DDGS 高位运转，玉米是木薯的替代品，玉米酒精成本大大降低。这样，木薯酒精暂时失去了竞争的优势，木薯需求开始萎缩。

面对世界范围内竞争日益激烈的木薯产业，广西木薯产业必须要走向规模化、集团化，不断淘汰落后产能，改革创新、加深自动化，提高装备水平，从而实现木薯产业上下游企业的兼并重组，完成分散的企业业态向一个企业高度集中。这样一来，大型的企业具备更优质的融资资质，企业要不断壮大，必须拥有自己的研发部门，不断改革创新生产专利，环保措施和设施也将在这种企业中能够得到提升，满足国家和国际日益严格的环保要求。只有国内的企业具备国际影响力才促进科研机构和企业的交流合作。要达到国际先进水平，广西和中国的木薯企业就必须走出国门、走向国际，全面提高自己的市场竞争力，获得相对的贸易优势。

随着国内劳动力成本上升，企业规模不断扩大。国内原料越来越紧缺，除做好国内的木薯原料基地外，政府同时鼓励有实力的企业到东盟国家搞木薯原料基地或投资办淀粉企业等。把木薯淀粉或干片原料运回国内消费或进一步加工。如广西农垦集团的明阳淀粉厂（在越南兴建 10 万吨/年木薯变性淀粉加工企业，贮存木薯干片 10 万吨/年的仓库）。黑龙江北大荒公司（在泰国建 350 吨/日，10 万吨/年木薯淀粉企业）。

大力发展资源综合利用。产品推广节能减排和清洁生产新技术，降低生产成本，提高整体效益。工艺水全部回用以减少排放，综合利用木薯渣作饲料（或作膳食纤维）或培育食用菌，收集木薯黄浆蛋白作饲料等。木薯皮及其他废渣等是很好的有机肥，利用沼气系统可以将其生产的沼气用于能源利用，也可以用作发电；而产生的沼液还可以再次回填并用来灌溉农田。

四、市场绩效分析

市场结构、市场行为与市场绩效是相互关联的一个整体，市场结构是产业内部组织关系的表现形式；市场行为是产业组织状态与结构形成与变动的推动力量；市场绩效是产业组织合理化的基本判别标准。目前，SCP 模型中市场绩效的评价主要是以社会福利水平的提高与否为主要依据，本书这里主要考察广西木薯加工产业的产业资源配置效率。

要分析产业资源配置效率必须从要素市场和产品市场两部分来考虑。首先，从要素市场来看，广西木薯加工企业具有一定的买方垄断能力。广西木薯加工企业主要的生产资料来源有两大部分：一是来自广西木薯种植农户，二是来自东南亚国家的进口新鲜木薯和木薯干片。从第一部分来看，广西木薯种植农户众多，而加工企业逐年被淘汰的数量减少，农户其实就是价格的接收者，对于木薯加工企业而言可具有一定的买方垄断力量。从第二部分来看，东南亚国家进口新鲜木薯和木薯干片主要是泰国、越南、印度尼西亚等国家，这些国家由于天气降雨等原因，供应量充足，木薯价格相应下滑。中国作为主要进口方具有比较好的议价能力。其次，从产品市场来看，木薯淀粉企业下游深加工企业涉及的行业虽然众多，包括淀粉糖、酒精、纺织等多类型的企业，是属于明显的竞争类型的市场。

对于要素市场的卖方由于垄断存在，木薯加工企业具有一定的溢价能力，生产者剩余降低，相反的要素市场的垄断买方剩余增加。而在产品市场上，由于木薯加工企业面临的消费者众多，垄断力量有限，因为对于社会福利而言其损失并不明显，甚至可以忽略不计。基于两个市场的情况，我们可以得到下面的分析模型，如图 8－2 所示，要素市场的垄断买方边际成本曲线 MFC 高于社会的边际成本，但是该程度与买方垄断的程度略有不同，由于木薯加工企业面对的主要要素来源有两部分，对于两者的所形成均衡市场无谓损失略有不同。对于国内木薯生产农户而言，社会福利损失更加严重，其面临的价格较低数量也较小；而进口的木薯产品情况较好，其面临价格虽然较少但数量较高，社会福利损失较低。

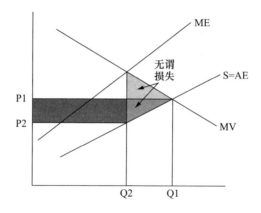

图 8－2　木薯加工企业要素市场面临的无谓损失

第九章 广西木薯产业发展战略目标

第一节 总体战略

一、发展定位

供给侧改革背景下广西木薯产业的发展定位可概括为"保持优势、提高效益、做强产业",保持优势即保持全国最大的木薯种植中心、全国最大的木薯加工中心、全国最大的木薯科研中心;提高效益即打造木薯全产业链,提高木薯种植、加工及销售效益;做强产业即解决木薯产业生产端、供给侧的主要问题,用5年左右的时间将广西木薯产业打造成为特色突出、结构合理、助农致富的千亿元级别的产业。

二、总体战略

在供给侧改革背景下的广西木薯产业发展的总体战略,就是要以改革创新为引领,把增加安全、绿色、优质木薯产品供给放在突出位置,把提高木薯供给体系质量和效率作为主攻方向,把促进农民增收和企业经济效益提高作为核心目标,从生产端、供给侧入手,创新体制机制,调整优化木薯产业的要素、产品、技术、区域、主体等方面的结构,优化木薯产业体系、生产体系、经营体系,突出绿色发展，着力质量提升，使木薯产业供需关系在更高水平上实现新的平衡。

三、具体路线

广西木薯供给侧改革背景下的发展具体路线可以概括为"调整五大结构，优化三大体系"。

（一）调整五大结构

1. 调整优化木薯生产要素结构

调整优化木薯生产的土地、劳动力、科技、物质等方面的结构。集约用地，推动适度规模经营，注重木薯生产基地水利、道路建设，推广木薯与其他作物间种套种技术，适度扩大木薯种植面积；加强劳动力技能培训，提高劳动力素质，推动机械化、规模化生产；严格控制化肥农药使用量，增加有机肥使用量，提高生产效益和环境友好度。

2. 调整优化木薯产品结构

调整优化木薯种植产品及加工产品结构，提高木薯种植及加工效益。加大木薯新品种研发，在现有品种的基础上研发、推广高产、高效、优质的木薯新品种；木薯加工品方面，要根据市场需求，调整产品结构，加大新产品开发力度。

3. 调整优化木薯产业技术结构

加大木薯新品种、新方法、新工艺、新产品等方面的技术支持。

4. 调整优化木薯区域布局结构

调整优化木薯种植布局和加工布局。在木薯种植优势区打造若干木薯生产基地；在国内土地资源有限的情况下，积极开展国际合作，到国外尤其是东南亚诸国开发木薯原料基地。优化木薯加工企业布局，引导木薯加工企业向木薯种植优势区集中。淘汰木薯僵尸企业和小型企业，做大做强木薯的加工大型企业。

5. 调整优化木薯生产主体结构

通过政策和资金方面的支持，一方面加大对农民的教育培训，培育新型职业农民，依托新型职业农民培育木薯家庭农场、木薯专业合作社等新型农业经营主体。另一方面加快技术研发，降低企业进入木薯生产种植的技术难度，培育规模化、机械化、智能化的木薯生产龙头企业，使之成为带动木薯产业积极水平提升的主力军。

（二）优化三大体系

1. 优化木薯产业体系

木薯产业体系是指由木薯及其相关产业构成的体系，该体系优化的核心目标是通过供给侧改革大幅度保障木薯供给，满足木薯市场需求，进而促进农民持续增收和产业综合效益的最大化，推动广西木薯经济又好又快地发展。为此，应从以下四方面着手：一要补全产业短板，着眼推进木薯产业链、价值链建设，推动木薯种植、加工、销售更加紧密融合发展，实现种植高产、加工高效、销售灵活，提高木薯满足市场需求的能力。二要改革优化分配机制，一方面努力降低企业生产成本，另一方面既要稳定和提高木薯收购价格，又要创新方式方法，让农民分享木薯产业链条各环节的利益，多方面地提高农民收入。三要大力推进木薯产业化经营，坚持市场导向，面向市场加大产品和技术研发，加快发展木薯精深加工，形成产业集群，不断拓展木薯应用领域和范围。四要加快木薯"一二三"产业融合发展研究步伐，利用农业的多功能性，持续拓展和丰富木薯产业的内涵、外延和发展领域，因时因地因人挖掘木薯的食用价值、生态价值、休闲价值、文化价值等，打造木薯综合产业链。

2. 优化木薯生产体系

木薯生产体系即木薯品种之间，木薯与其他农作物之间的相关关系。优化木薯生产体系核心目标是在充分利用和统筹协调好国内外木薯生产资源的前提下，紧紧围绕木薯需求及其变化，科学合理地安排好木薯生产，切实有效地保证木薯供给。随着城镇化的推进和农业产业结构的调整，木薯生产发展的资源环境约束越来越大，国内木薯产量增加的难度持续加大，对国外木薯的依赖程度也可能不断提高。因此，需要使国内木薯供给数量更充足，品种和质量上更契合市场需要，形成木薯有效供给。为此，必须下大力气夯实木薯生产基础，推进种植区土地整治，加强农田水利、机耕道路等生产设施建设，推进机械化生产，全面提高木薯生产的物质装备水平。继续将木薯作为具有区域特色的支柱农业打造，研发、推广一批高产高效优质的木薯新品种，积极打造一批木薯产品知名品牌，建设一批竞争力强的木薯生产基地，形成区域特色鲜明、社会知名度高、经济效益好的木薯生产布局。

3. 优化木薯经营体系

木薯经营体系是指木薯各经营主体之间的相互关系。优化木薯经营体系核心目标是积极培育大户、家庭农场、合作社和企业等新型经营主体，完善各主体的利益联结机制，发挥不同形式的农业适度规模经营是对现代生产要素的引领作用，形成有利于现代农业生产要素创新与运用的体制机制。广西木薯生产存在经营规模过小的问题，因此应积极培育新型农业经营主体，并使其逐步成为木薯生产经营的主导力量，推进木薯规模的适度生产，为先进科技成果应用、农产品质量提高、金融服务提供、市场竞争力提升、生产经营效益增加创造前提条件。同时，应完善木薯社会服务体系，大力发展木薯产前、产中、产后服务业，为木薯生产经营保驾护航。

总而言之，广西木薯产业供给侧结构改革背景下的发展就是要调整优化木薯全产业链结构，提升产业各环节的供给质量和效益。

第二节　主要目标

根据广西木薯产业发展现有基础、条件优势和未来发展空间，通过实施供给侧结构调整优化，打造高效的木薯全产业链，力争到 2022 年实现以下几项主要目标：木薯行业生产总值累计达到 1000 亿元，其中工业增加值达到 700 亿元。

——品种研发方面。研发培育多个系列国际知名品种，形成单产量较高、淀粉含有率高，能够发展多种用途（食品、饲料、加工等），可与其他作物间作，生长期灵活的品种体系。争取 2018 年良种覆盖率达 60% 以上，2022 年良种覆盖率达 90% 以上。

——木薯种植方面。木薯种植面积和收获量继续保持在全国的绝对优势地位，主攻木薯单产水平提升。区域内部，家庭农场、专业合作社、龙头企业种植面积和收获量占比进一步提升。争取 2018 年全区木薯种植面积达到 25 万公顷、收获量达 450 万吨、单产达 18 吨/公顷，2022 年全区木薯种植面积达 30 万公顷、收获量达 600 万吨、单产达 20 吨/公顷。

——木薯加工方面。打造一支实力强劲、全国一流的木薯原料精深加工企业，部分木薯加工企业成为相应行业的全国甚至世界领导者。争取 2018 年全区木薯行业的亿元产值企业 10 家以上，10 亿元产值企业 2 家以上；2022 年全区木薯行业的亿元产值企业 20 家以上，10 亿元产值企业 5 家以上，100 亿产值企业 1 家以上。

——国际贸易方面。在泰国、越南、印度尼西亚、柬埔寨等地区开辟成片木薯原料基地，建立起稳定的供应关系。争取 2018 年在东盟建立木薯原料基地 10 万亩、进口 200 万吨，2022 年在东盟建立木薯原料基地 30 万亩、进口 600 万吨。

——专利保护方面。加强技术研发并申请专利，扩大专利研究保护范围，重点在国内外目标市场地区、木薯产业链高附加值环节强化专利部署。争取 2018 年全区木薯专利保有量达 500 件以上，覆盖木薯全产业链，在东盟各国初步建立起专利保护网框架；2022 年全区木薯专利保有量达 1000 件以上，在东盟各国建立较强的专利保护网，专利保护触角延伸至南亚及美日欧等地区。

第三节　战略重点

围绕提升广西木薯产业整体效益和综合竞争力的目标，从生产端、供给侧入手，突出若干战略重点，打造更完整、更具竞争力的木薯全产业链。木薯全产业链分为薯种研发、种植或收获机械研发、木薯种植、仓储物流、木薯初加工、深加工、加工废料回收利用等多个环节，可形成一个完整的产业链闭环。在木薯原料的深加工产品中，有燃料乙醇、变性淀粉、可降解膜、山梨醇等多个细分的产业发展方向。根据农业供给侧结构改革的要求，综合考虑木薯产业的发展现状，结合未来产业发展趋势，我们认为今后一段时间，广西木薯产业发展的战略重点应包括以下几个方面：

一、打造木薯全产业链

着力打造木薯全产业链，特别是细分行业的全产业链。在加强木薯品种研发培育、木薯种植、木薯初级产品深加工，弥补产业链短板的基础上，突出打造产业链不同环节行动主体（如农户、企业、科研机构、行业组织、政府部门等）的信息沟通机制、利益联结机制，使产业链各环节间联系更加紧密、合作更加频繁，逐步形成产业链利益共同体，促进整体产业健康发展。优化产品布局，以生物质能源和变性淀粉深加工为主攻方向，重点深耕木薯燃料乙醇细分行业，打造木薯能源产业链，根据市场需求大力发展变性淀粉、可降解膜、淀粉糖、山梨醇等增值空间大、附加值高的产品，提高木薯产业的综合效益。

二、加大木薯科技创新

科技是第一生产力，木薯产业整体效率的提升需要不断地加大科技投入，实施科技创新工程。应突出抓好木薯新品种的研发推广，重点研发推广一批具备高产量、高淀粉含量、耐寒、耐盐、早熟或晚熟等特性的市场前景好、技术含量和经济效益高的新产品；突出抓好木薯种植或收获机械的研发推广，加大薯农技能培训，提高田间劳作效率；突出抓好木薯种植技术的研发推广，提高单产水平；突出抓好高科技含量和高附加值的复合变性新产品的研发，丰富产品种类，不断延长木薯产业链。

三、保障木薯原料供应

充足的原料保障是产业发展壮大的基础。土地资源不足是广西木薯生产的最大瓶颈，也是影响广西木薯产量提高的重要原因。为打破瓶颈，扩大生产，增加产量，广西应考虑木薯工业原料由区内供应为主转向国外供应为主。重点在东盟的泰国、印度尼西亚、柬埔寨、越南等国建立木薯原料基地，增强供应能力。同时，稳定区内种植，在木薯适宜的桂南、桂东南、桂西南、桂中一带，合理布局木薯生产，打造木薯高产基地，逐步扩大区内木薯种植面积、提高木薯种植产量，增加国内原料供应。原料基地的打造应注意以下几个方面：

（1）注重土地集约经营，开展土地整理，改善耕作条件，引导土地向新型农业经营主体有序流转，发展适度规模种植。

（2）在原料基地开展新型职业农民培育，提升木薯从业劳动力的经营、增收能力。

（3）注意木薯生产与生态环境的良性互动，严格控制化肥、农药施用量，推广有机肥，处理好农用薄膜等田园污染物，保护生产环境。

四、优化木薯产品供给

保障强需求、高品质的木薯产品供给，既是木薯供给侧结构性改革的要求，也是木薯产业综合竞争力和效益提升的重点。一是建立健全木薯行业标准体系，统一生产标准，规范生产流程，提升产品质量和效益。二是淘汰落后产能和僵尸企业，培育壮大一批木薯加工企业，使加工能力和原料供给相匹配。三是注重品牌打造，积极开拓国际市场，促进产品"走出去"。四是加大生产污染治理工程，保护自然环境，实现绿色发展。

五、提升木薯产业信息化水平

实施木薯"互联网＋战略"，推进木薯产业信息化。目的是实现木薯产业链各环节信息互通，促进木薯产销信息对称及有效对接。可以通过建立生产、加工、推广、科研一体化的木薯信息机制，加强广西木薯协会网页建设，送信息下乡，完善科技支农工作，建立广西木薯供求与价格系统等方式推进木薯产业信息化建设。

六、打造木薯现代特色农业（核心）示范区

现代特色农业（核心）示范区是现代农业发展的重要载体，是现代农业要素集成的主要展示平台，广西区党委、政府决定从 2014 年起在全区范围内重点打造一批现代特色农业（核心）示范区，作为全区现代农业发展的先行引领。作为广西重要的特色产业之一，各木薯优势种植县市，应抢抓机遇，打造一批木薯现代特色农业（核心）示范区，突出经营组织化、装备设施化、生产标准化、要素集成化、特色产业化等特点，引领全区木薯产业现代化水平的提升。

第十章　广西木薯产业发展战略建议

在供给侧改革背景下发展广西木薯产业，就是从供给侧、生产端优化木薯供给结构，提高木薯原料及产品供给质量和效益。具体来说，就是从以全产业链的思维，补齐、优化产业链各环节短板，提高整个产业链供给的能力和质量。全产业链是一项综合系统，涉及种植、加工、研发等多个环节，需要从加强规划引导、鼓励研究开发、激发农户积极性、培育龙头企业、加强利益联结、稳定原料供给、加强专利保护等多处发力。

第一节　树立全产业链发展战略思维，做好科学布局规划

甘蔗和木薯是广西最主要的两种经济作物，在全国地位举足轻重，种植面积和收获量均超过全国50%以上。近年来，在各级政府的大力推动下，广西蔗糖产业获得较快发展，种植面积、收获量均翻番，但从整体而言广西木薯产业并没有得到较大的提升。广西木薯产业发展潜力实际上与蔗糖产业相当甚至更大。由此，建议各级党委政府及时转变思想观念，用创新、协调、绿色、开放、共享新发展理念发展木薯产业，加大木薯产业发展支持力度，做好木薯产业发展布局规划。

一、树立全产业链发展战略思维

在中国，广西是木薯种植、加工的主要省份之一，有着举足轻重的地位。木薯产业在谋划发展时，广西必须主动承担更多责任，着眼于全国整体利益、打造全产业链，而不能局限于广西本地，也不能满足于做好产业链的一环。在资源相对有限的情况下，我们可选择一些较有价值的细分行业作为发展的突破口，以点带面，拉动全产业链和相邻细分行业的发展，这就要求我们各级党委政府在木薯产业发展上要树立"多点突破的全产业链发展"战略思维，用以指导木薯产业链的升级和延长。要不断发展木薯产业化，重点是要抓木薯深加工业，是木薯产业化发展的重要前提，目前广西木薯加工业规模小、产能低、生产分散，只有发展木薯加工业，尤其是深加工业，木薯大规模的生产才会很好地发挥规模效应、提高经济效益。目前广西木薯深加工业在木薯产业链中的占比低，主要是以木薯淀粉和酒精乙醇等初加工产品为主，且所在企业的产品比较单一，深加工主要分布在国内其他省份，这点布局是可以得到突破的。同时，加大对木薯深加工企业的技术开发投入，不断创新创造新的产品，提升深加工产品的价值，最大限度地挖掘木薯所能带来的附加值，给农业企业和农民增加经济效益，降低生产成本提高生产效率。关于改变广西木薯加工企业规模小产能低效益差的问题上，可以考虑多种形式的结合，可以通过龙头企业收购、小企业联盟和合并等方式，不断优化企业结构。

二、高度重视木薯产业发展，加大对木薯产业的扶持力度

木薯价值较高，可深加工为变性淀粉、燃料乙醇等产品，拓展出一系列加工产业，尤其是木薯生物质能源（燃料乙醇）产业为木薯产业带来了更为广阔的发展空间与机遇。木薯产业目前是广西话语能力强、挖掘潜力大、行业产值高、发展前景好的产业之一，对保障国家粮食和能源安全、挖掘广西百亿元产业经济新增长点以及推动"三农"问题的解决有着重要作用。中央和广西壮族自治区地方政府曾在多份文件和政策中表示支持和鼓励木薯产业的发展，但成效不明显，究其原因，在于各级党委政府对木薯产业发展的重要性认识不够，且对政策的细化落实不足。广西明阳生化科技股份有限公司副总经覃学江认为，广西木薯

产业的发展不仅要看种植业的占比，还需要得到政府政策对加工企业的扶持，帮助中小企业不断通力协作，从而在第二、第三产业能够有长足的发展。目前，木薯产业已成为广西武鸣县的一个支柱产业，这离不开政府对其多年的支持，该县的木薯种植面积达 30 多万亩，淀粉加工企业达 20 多家。木薯产业要在广西发展全局中提高战略地位，就需要各级领导提高认识，把木薯产业的发展和深化列入常规日程，将与木薯产业发展相关的一系列宏观政策落细、落小、落实、落微。各级相关部门应制定木薯产业的土地、规划、投资、信贷等方面政策，建立联动协调机制，汇集科技、经济、金融等各方力量，加大对木薯产业的支持力度，实现木薯产业发展模式转变，即实现自我发展模式向社会共同参与模式的转变，为木薯产业营造出良好的发展环境，加快木薯产业化发展，使其成为广西新的经济增长点。

三、科学制定木薯产业发展布局规划

用科学的规划指导协调今后全区木薯产业的全面发展，如科学规划木薯种植区域布局、制定产业发展的短中长期规划等，积极推进木薯产业科学化、标准化、规模化、产销立体化等，推动和实现木薯产业的跨越式发展。

（一）合理布局，做好木薯种植区域规划

按照统筹规划、因地制宜、合理布局的方针，做好科学规划木薯种植区域。广西地理面积广，地形地势较为复杂，小气候差异大。建议在广西划分为桂南桂东片区和桂西片区两大木薯片区，因地制宜做好木薯发展规划。桂南桂东片区包括南宁、崇左、防城港、钦州、北海、玉林、梧州和贵港市，该片区年均温度在 $21 \sim 22℃$，$\geqslant 10℃$ 年积温有 $6800 \sim 7800℃$，生长期至少 10 个月，无霜期约 350 天；该片区气候适宜，光照时间长，地表热量充足，降水较多，土壤适宜木薯成长，而且地处海湾腹地，不容易受台风影响，是最适宜种植木薯的生产区。该片区目前已有部分地区普及木薯新品种，推广新型栽培技术，应用区域木薯单产量高；该片区还集中了广西最大、最多、加工技术最强的木薯淀粉和酒精加工厂，木薯的产业化和组织化水平较高。建议该片区的两个主攻方向：稳定和开拓桂南桂东木薯种植面积，提高木薯的单产和淀粉含量；推广普及高产、抗寒、耐贫瘠、高淀粉含量的新品种，采用间套种等一系列丰产栽培技术进行栽培管理。桂

西片区包括百色市、河池市，年均温的范围在 21 ~ 22.5℃，≥10℃ 年积温有 6500 ~ 8000℃，生长期至少 9 个月，无霜期约 300 天，光照充足，降雨量丰富，地处山区，极少受台风灾害影响，产业发展空间较大。然而，由于该片区的木薯产业起步较晚，产业基础落后，较少推广和种植木薯新品种，栽培技术落后，所处的地理位置易受寒害、易水土流失等，建议该片区着力推广普及抗寒、耐贫瘠、高产、高淀粉含量的木薯新品种，引进丰产栽培技术、抗寒栽培和水土保持技术，提高木薯产量和品质，进而提高木薯产业化程度。

（二）分步进行，做好木薯产业短、中、长期发展规划

广西木薯产业在短、中、长期面临的发展问题不同，需要分别制订规划，以指导协调不同阶段的发展。从短期来看，广西木薯产业重点要解决木薯种植分散粗放和木薯加工企业实力弱小、技术不精、污染严重的问题，制定规划必须侧重于推广木薯新品种新技术、调动农户生产积极性、提高木薯种植规模化组织化程度、鼓励木薯加工企业更新设备等。从中期来看，广西木薯产业重点要解决木薯名优品种不全、原料供应不足、收获效率较低、加工企业综合效益不高、市场竞争无序等问题，制定规划必须侧重于优化种植结构、在国内外建立种植基地、研发推广收获工具、打造国内龙头企业、加强行业管理等。从长远来看，广西木薯产业重点要解决新品种新技术研发不足、产业链联结不强、下游产品附加值不高、产业集群程度较低、产品出口规模较小等问题，制定规划必须侧重于吸引高技术和管理人才、建立行业利益联结机制、鼓励企业走出去、打造世界级龙头企业。在未来能源结构中，发挥好广西木薯产业优势，做好与周边地区的协同发展，拓宽国内外的乙醇能源汽油市场，由能源输入向能源输出转变，形成广西能源中心和能源强区。

第二节　实施木薯科技创新战略

一、建设木薯产业人才保障体系

建设和木薯产业人才保障体系，以木薯农民素质为基本，以木薯产业链全体

从业人员为广度，不断增加人才培养力度，完善人才储备体系，以此不断适应时代要求，全面提升企业管理体系。

目前，广西木薯产业从业人员素质偏低。从第一产业来看，大部分木薯农民的文化水平不高，木薯生产和管理技术水平较低，仍然沿用 10 年前的生产技术。从第二产业来看，小型木薯加工厂经营者素质不高，没有系统地学习经营管理，仅将木薯加工视为简单的营生，其财务管理能力差。针对前者，农业推广部门应多组织专业技术人员下乡指导，对有意愿且规模适当的农户可不断开展经验交流会，弱者现场辅导，强者多交流，全面提高种植农户的技术和管理水平。对于后者，在整体的战略方向上需要不断优胜劣汰，那些素质差、技术管理能力低的都需要被市场进行淘汰，但这不意味着培训就不受重视，相反的是，相关部门可以通过不断的技术管理和交流会向加工企业宣传国外先进技术和行业发展方向，让那些希望在木薯加工上有长足发展的经营者不仅开阔视野、增加技能，完善自我素质，成为广西木薯产业发展可以倚重的人才。重视科研和高校人才建设，支持广西农业科研机构不断进行科研创新、鼓励科技成果转换、加强科研机构和高校人才的实践，支持科研交流、下乡交流，力争培养出一批懂技术、会经营的应用型和创新型复合型人才，为木薯产业的发展奠定人才基础。

二、积极推进良种良法研究和推广

广西地邻东盟国家，随着自贸区的建立，许多农产品直接受到冲击。广西木薯种植面积虽然占比较高，但是由于农户不注重管理，栽种品种差，单产量相对较低，比较优势较弱。但木薯也是事关国家粮食安全，增产增收任重道远，但并非没有良策。

（一）大力开展良种选育

建立木薯良种补贴和推广体系，良种及时更新，改善木薯品种的种植结构，选育选种适合市场需求、薯农认可的木薯品种，才能提高木薯的经济效益，顺应木薯产业化发展的趋势。新品种的研发对推进木薯产业的发展尤为关键，增强木薯适应性、提高块根淀粉率、延长木薯块根供应时间是木薯品种繁育的重要目标。目前，世界上被鉴定出来的优质木薯的淀粉率最高可达 40% 左右，而广西目前培育出来的新品种最高淀粉率可达 30% 左右，通过品种研发，广西木薯新品种再向世界水平靠齐还是有一定空间的。同时，广西扩大木薯种植面积要将木薯种植区域向北移动，需要培育耐低温的新品种，因此，建议加强与CIAT等国际机构合作，引进和选育新品种，加大示范应用和种茎繁育工作的扶持力度，加快新技术在产业中的应用。此外，突出选育、引进和推广不同成熟期的优良品种，延长木薯块根供应时间；突出选育、引进和推广淀粉加工型、酒精加工型和营养专用型木薯品种，满足木薯行业多样化发展的市场需求；突出选育、引进和推广抗风、抗旱、耐寒、耐瘠、耐盐等综合抗性的木薯新品种，增强木薯生产适应性，为扩大木薯种植面积打下基础。同时，努力形成产量高、淀粉多，覆盖食品用、饲料用、加工用多类用途，早、中、晚熟多季节收获的木薯品种体系。

（二）大力开展良法研究

随着经济的快速发展，耕地面积逐渐减少，木薯需求呈刚性增长，人们对食品安全、环境要求越来越高。在这种形势下，科技生产是木薯增产增质的有效手段。泰国根据生产中实际需要来投放木薯研究经费，有效地开展木薯品种选育及丰产栽培技术的研究，形成一个集科研、推广、生产、加工、销售于一体的全产业链体系，许多环节赶上了世界先进水平，甚至个别领域已经处于世界领先地位，这说明加大科学研究力度，对提高木薯产业效益有着十分显著的作用，值得借鉴。因此，建议科技、财政、农业等相关部门共同协作，下达相关科研项目，大量投入科研经费，加大科技投入，对木薯产业链的不同环节进行深入研究，提高木薯产业的科技含量，并进行科技生产。

科学的种植方法是增加木薯产量、提高木薯种植综合效益的重要手段，建议加强木薯栽培技术研究，提高种植管理水平，实现良种良法配套。加强木薯栽培技术研究包括：加强木薯种植本身的生理生化研究，建立起一套防病防灾的技术，统一推广木薯科学种植技术与水土保持技术；加强木薯农艺性状的研究，与其他作物合理搭配种植，形成立体间套种栽培模式，建立配套技术体系；加强木薯丰产栽培技术研究，做到土地合理利用，提高木薯产量和土地利用率。此外，建议还要加强木薯加工技术研发，包括但不限于先进的淀粉和酒精发酵加工技术、延长深加工和循环利用的生态产业链、减少"三废"排放等加工方面的研究。

（三）大力推广良种良法

我国木薯良种推广没有纳入各地的农技推广计划中，推广不到位，导致其推广缓慢。目前，广西并不缺少木薯优良品种，也不缺少良好的种植方法，而是缺乏一个有组织的推广体系，导致良种良法普及率低，木薯的单产水平不高。建议加大政府投入和宣传力度，培养科技人才团队，加强科学研究力度，形成一个科技创新和技术人才支撑的推广体系；同时，推广"企业＋科研＋基地＋农民"的木薯产业化模式，免费发放良种，定期进行良种、良法技术培训，做到"科技入户"，由政府或企业建立新品种、新技术的推广示范基地，带动木薯生产快速发展。此外，良好的种植方法的推进也很重要，加强实行精耕细作，加快木薯种植机械化的技术演示和推广，走机械化道路，扩大木薯种植规模，提高木薯总产量，争取2017年良种覆盖率达50%以上、单产达18吨/公顷，2020年良种覆盖率达90%以上、单产达20吨/公顷。

此外，良好的种植方法的推进也很重要，加强实行种植耕作精细化，科学测量和应用木薯施肥量，提高木薯单产量；加快木薯种植机械化，在规模适当的农户中进行机械化技术的演示和推广，增加农机补贴，全面降低农户的工作强度，提高劳动效率，增加农户收入，扩大木薯种植规模，提高木薯总产量。

（四）加强木薯加工技术升级

加大投入，积极开展木薯加工技术研发、升级，主要是加工工艺升级，提高原料利用率，降低能耗，提高产品品质，达到节本增效的目的。同时，加强产品开发，结合市场需求变化，开发适销对路的新产品，满足新需求，提高产业竞争力。

三、加强木薯产业的专利研究和布局

（一）加强木薯产业专利研究和应用

1. 加大对木薯产业精深加工领域的研发投入

目前，广西木薯企业所拥有的专利主要是集中在木薯淀粉、木薯酒精乙醇等，由于深加工企业少，木薯医药、日化等其他深加工领域的专利也少得可怜。而这些领域的附加值较高，是木薯产业未来发展的主要方向，应加大这一方面的人力、物力、财力投入，如增加木薯专利申请补贴等。

2. 加强产学研和国内同行的技术研发合作

建立木薯产业战略联盟，加强区内木薯企业联合、校企合作，针对木薯种植、深加工和生产高科技设备方面开展联合技术攻关，在合作联盟主体间，推进专利互相授权使用，形成实力强劲的专利群，共同抵御国外技术壁垒。

3. 提高专利转化应用率

建立木薯产业园区，合理部署木薯产业链上的各环节企业，鼓励携带专利技术的科研人员到木薯产业园创业，设立产业发展引导基金、创业基金，引导关键技术专利进行产业化转移，提高专利转化应用比率。

（二）加强木薯产业专利的部署和跟踪

抓住国外企业处于经济低潮期的机遇，政府引导木薯产业联盟单位从国外引进成熟的专利技术，尽快地办理专利交叉许可授权。着力在东盟国家部署专利，在东盟国家构建以知识产权为主的贸易壁垒，阻击东盟企业大量进入中国市场，减少竞争，同时增强在东盟市场上的竞争力。建立广西木薯产业专题专利数据库，收集、加工、标引国内外木薯产业各领域有关的专利，实时跟踪国外企业专利申请动态，提高研发起点、增强研发效率，同时避免侵犯他人的专利权，减少侵权损失。建立一支专利人才队伍，培养一批技术过硬、实力强劲、熟悉专利制度的复合创新型人才，对专利的各方面信息如技术内容、申请日或优先权日、有效期等进行重点调研，同时分析研究国内外相关领域的专利动态，不断地提高企业技术创新能力。加强专利保护的宣传培训，加大对知识产权保护的宣传力度，提高相关企业对专利知识产权保护重要性的认识水平，强化专利培训，尽快在行业主管部门、行业协会、研究机构、企业以及木薯种植户当中培养一批懂专利、用专利的人才队伍。

第三节　实施木薯原料供给保障战略

一、努力扩大木薯种植面积，提高国内原料供应能力

广西木薯单产低、成本高，面对东南亚国家木薯的竞争，常年已形成严重的贸易逆差。目前国内木薯原料供应严重不足，过度依赖进口，不利于自己掌握木薯产业发展战略。要改变现状，必须还要扩大木薯种植面积，提高单产量，提高广西木薯原料的自给能力。

建议充分挖掘广西木薯生产潜力，在确保粮食安全和可持续发展的前提下，可以考虑调减其他低值作物、开垦荒地废弃地等方法来增加木薯种植面积，提高产量。在确保粮食安全的前提下，调整零散、低产低效、没有竞争力的蔗区，改种木薯，与甘蔗轮作或在幼林地与短期作物间套种，发展木薯种植；同时，大力引导在荒山、荒地、废弃地开发种植木薯，充分利用木薯耐旱、耐瘠、耐酸的特性，实行木薯规模种植；具体由政府制定实施木薯产业的发展规划，加快木薯种植区域的规划布局，推进农业结构战略性调整。同时，通过加强对农户的指导和宣传、对木薯产品的种植生产给予补贴等激励措施提高农户种植木薯积极性。争取 2017 年全区木薯种植面积达到 25 万公顷、收获量达 450 万吨，2020 年全区木薯种植面积达到 30 万公顷、收获量达 600 万吨，进一步提高木薯种植面积和收获量在全国的占比。

二、建立一批国内外木薯生产基地，提高木薯原料供应的集中度

目前广西木薯种植多由农民自发零星种植，规模小、生产分散，原料基地难成规模，导致多数加工厂没有大规模的、集中连片的、稳定的木薯原料生产和供应基地。木薯收获的季节多集中于 12 月至次年 1 月，鲜薯加工时间短且集中，积极开发和种植木薯不同成熟期的新品种，在种植上进行合理搭配，不同的收获时间可以延长和合理安排鲜薯的处理加工时间。建议在扩大木薯种植面积的同时，成立合作社等相关的合作组织，有效地组织和指导农民生产，建设若干集中连片、相对稳定的木薯生产基地，解决木薯生产空间分散的问题，为集中加工创造条件。同时，优化原料基地布局，东南亚、非洲地区有大量适合种植木薯的土地，且人力成本较低，应鼓励企业走出去，在东盟的泰国、印度尼西亚、柬埔寨、越南等国开辟建立集中连片的木薯原料基地，扩大原料供应能力，譬如 2008 年广西明阳生化科技股份有限公司到越南、柬埔寨等东盟国家投资租地开发种植木薯和合作建厂，通过返还产品在很大程度上缓解了广西区内木薯原料和淀粉的紧缺局势。

第四节 实施木薯产品供给保障战略

一、建立健全木薯行业标准体系

对木薯加工企业而言，一定要提高市场意识和竞争意识，要通过科学的研发提高产品的竞争力，通过安全生产提高产品的可靠性，通过量化的管理提高产品的产出率。要大力加强木薯种植、加工技术标准化研究，建立健全木薯产业现代化标准体系，建设标准化服务和推广体系，推行标准化生产，深化标准化示范点工作，在种植生产环节要推进良好农业操作规范（Good Agricultural Practices，GAP），在加工生产环节实行发达国家的 GMP、HACCP 及 ISO9000 族系的管理规范，以此促进木薯产业向规范化、标准化方面发展。

（一）木薯产品标准化

制定和完善木薯产品各指标的标准，如木薯淀粉的水分、细度、白度、蛋白质、黏度值等指标。建设检测监管体系，执行良种良法、优质优价等策略，促进产品标准化。泰国作为世界最大的木薯生产国，其木薯企业在木薯原料进厂前抽取少量鲜薯样品进行淀粉含量速测，以木薯淀粉含量的多少来决定其收购价格的高低。优质优价的收购政策可以促进木薯良种生产，实现企业、农民互利共赢，且农民可依据企业收购价来选择种植高淀粉含量的品种，间接地推广良种种植，扩大良种种植面积。

（二）能源技术标准化

木薯作为非粮能源作物，是生产燃料乙醇的重要原料。按照国家农业标准体系的总体要求，在此基础上，建立和完善广西农业标准体系。根据广西木薯产业发展的需要，利用广西能源作物优势，进一步完善木薯乙醇生产的标准化生产技术规程，有利于提高木薯乙醇生产的竞争力，推动木薯产业的发展。

二、积极鼓励和扶持优势龙头企业发展

扶持龙头企业利于生产力的提高、市场的管理，还利于集中投入降低生产成本、保护资源环境、促进可持续发展。从总体上看，广西木薯淀粉生产企业规模小、产能过剩的问题突出，广西有上百家木薯淀粉生产企业，但技术力量较为雄厚、规模较大的企业较少，这就出现了产能过剩、原料空缺的现象。通过建立"公司＋基地＋农户"的产业模式，突破农户分散生产的局限，培养出一些有规模、实力强的龙头企业，有效地组织农民生产，化解"分散"与"集中"的矛盾，借龙头企业的联动作用延伸产业链，实现规模化生产和现代化加工，提高经营效益。加工业对木薯产业化发展有着举足轻重的作用，只有大力发展加工业，才能带动木薯产业的整体发展。大力发展木薯加工业，特别是深加工业，要坚持政府引导、市场化运作的原则，借鉴甘蔗产业化的成功经验，从政策、资金、服务等方面大力扶持以木薯加工为主的龙头企业。重点鼓励支持企业生产木薯燃料乙醇、变性淀粉、可降解膜、淀粉糖、山梨醇等增值空间大、附加值高的产品。制定相应的扶持政策，帮助企业解决面临的原料和环境治理等问题。力争通过3～5年时间，在广西打造一支实力强劲、全国一流的木薯原料精深加工企业，部分木薯加工企业成为相应行业的全国甚至世界领导者。

三、发展品牌，拓宽市场

木薯加工产品以内销为主、出口为辅，聚焦国内市场，重点满足国内市场（大陆及港澳台地区）需求，提高木薯制品自给率，兼顾日韩、北美、东南亚、中东、东欧、北欧等地区市场需求。广西是中国木薯第一大生产省份，木薯产品质量高，木薯加工基础好，利用这些优势，注重宣传推广，打造几个木薯知名品牌，提升木薯产品附加值。

目前，广西知名的木薯加工产品品牌偏少，一个好的品牌意味着好的质量和良好的企业形象，是产品高价格、高销量的重要保障。随着国际贸易合作的不断加强，全球经济来往频繁，发挥区域优势，可促进经济增长。木薯产业实施"走出去"的发展战略，一方面可以缓解广西木薯原料紧缺问题，另一方面可与东南亚国家开展经贸战略合作。目前，世界木薯生产的重点区域在东南亚国家如泰

国、越南等，木薯的国际市场大部分被这些国家占据。东盟国家 2008 年木薯产量约 6000 万吨，占全球产量的 25.8%，约 1/4 的世界木薯产量集中在东盟国家生产。广西可以发挥其作为中国最大木薯产区的地理、技术、产业等优势，与东盟国家增强合作交流，注重产品的品牌创建，"走出去"发展，提高国际竞争力。

四、优化生产、保护环境

木薯淀粉生产废水具有种类多、水量大、水质波动大且成分复杂、有机物含量高、悬浮物质多、易酸化变质、排水周期短、废水含有对微生物有抑制作用等特点，并对水体环境和大气环境易造成污染。污染问题已成为制约木薯加工企业发展的重要瓶颈。要突出抓好木薯加工产生的废水、废气、废渣处理技术研究，开发或引进一批管用的技术装置，从单纯的末端治理转为在生产全过程中减少污染物的产生，提高清洁生产工艺水平，减少木薯淀粉等产业生产加工过程中产生的污染。

加工业对环境的污染是当今社会现实存在、备受重视的问题，木薯生产发展的背后是一大批以木薯为基本原料的加工企业，因此，在制定木薯综合利用方案的同时，要制定综合的治理方案，把保护生态平衡作为保证木薯产业和木薯生产持续发展的一个重要内容。现在国际上已经有地区将种植业、木薯淀粉酒精等加工产业、三废处理等环节综合起来，构建生态产业链条，走可持续发展模式，很好地解决了环境污染问题和产业发展不协调的问题，这是广西木薯产业发展值得借鉴的。循环利用延长了产业链、提升了经济和生态效益，同时对广西提高可再生能源比例、提高能源自给能力和助力"三农"等都有积极意义。通过延长木薯产业链战略，人才战略，发展品牌，拓宽国际市场，实行"走出去"发展战略，优化生产、保护环境战略等多点突破，发展壮大广西木薯产业。

第五节　实施木薯"互联网＋"战略

随着电子科技、互联网的发展，信息化水平快速提高，信息能够及时快速地传达出去，对农业生产的发展影响越来越大，互联网所起到的作用也越来越强。据有关调查发现，泰国对木薯行业设有专门的信息网站，主要公布公告木薯的最新政策、市场价格的变动、良种良法等相关信息，利于农户和企业及时掌握木薯行业信息，及时调整生产，促进木薯行业的健康发展。广西很多木薯企业也有自己的网站，但以价格发布为主，公布综合性信息的网站极少，更甚者有些信息获取时需付出一定的费用，这就导致了农民信息获取困难，降低了木薯行业信息的有效性与及时性，不利于木薯的生产加工业发展。在木薯产业发展的新时期，广西要把握机会，充分发挥自身优势，建设有效的信息化渠道，及时地为企业和农户提供有效的信息化服务，加快木薯产业化发展。网络的迅速发展成为了人们获取信息的重要途径，这就要求：

一、建立生产、加工、推广、科研一体化的木薯信息机制

建立国家级或省级的木薯产业协会，统筹和及时公布各区域的木薯产业信息，实现相关行业领域的信息互通，建成一个集生产、加工、推广、科研的一体化信息机制，保证信息准确、来源可靠，有效指导木薯产业各方面工作的开展。

二、加强广西木薯协会网页建设

建设有效的信息网络平台利于广西木薯产业的信息互通，因此加强广西木薯协会网页建设尤为重要。借鉴泰国木薯协会等优质网站的建设经验，建设和完善广西的木薯信息网站，及时公布木薯市场行情、木薯相关产业动态等实用性信息，为木薯产业链上的各环节人员提供全面周到的信息化服务。

三、送信息下乡，完善科技支农工作

目前，广西许多乡村村民文化水平较低，对网络了解不足，对"互联网＋"更是几乎不了解，且很多乡村地区没有网络设备，限制了网络信息的传播，此时需要有关部门积极地开展信息发布工作，做好科技支农，将产业信息、新技术等及时有效地传达给薯农。

四、建立广西木薯供求与价格系统

在木薯产业发展的新时期，广西目前的木薯市场大多数仍为个体模式，随意性大，安全性低，这就要求相关部门加强对木薯市场的管理，收集和整理木薯市场的供需情况和价格信息，建立集木薯生产情况、市场行情、技术专利等多功能为一体的信息化网络体系，促进广西木薯产业的健康发展。

第六节　实施木薯示范区创建战略

在木薯产业基础较好的县市打造一批木薯现代特色农业（核心）示范区，重点围绕经营组织化、装备设施化、生产标准化、要素集成化、特色产业化"五化"建设，将园区打造成为引领全区木薯产业发展的样板区。

一、突出"五化"建设

木薯现代特色农业（核心）示范区要围绕"现代"、"特色"做文章，重点突出经营组织化、装备设施化、生产标准化、要素集成化、特色产业化"五化"建设。示范区要培育发展一批龙头企业、合作组织、专业合作社和家庭农场，通过这些新型农业经营主体，促进土地规范流转集中，实现生产规模化、专业化，提高生产效率和效益。示范区要创造条件，改善木薯生产道路、水利、电力、通信等基础设施，引进木薯生产机械设备，提高木薯生产机械装备水平。示范区要注重生产规范，建设生产管理制度，统一生产标准，实现生产标准化。示范区要注重人才引进、培养，要注重良种良法技术的研发推广，要注重资金保障，要注重连片规模经营，实现要素集成化。示范区要围绕木薯这一特色产业，延长产业链，大力发展木薯加工、销售，适度拓展示范区的休闲旅游、科普教育功能，实现产加销、贸工农、第一、第二、第三产业融合发展。

二、完善企业和农民的利益保障机制

（一）构建不同主体的信息沟通平台，提高信息共享水平

积极引导鼓励发展木薯行业的农民专业合作社，成立木薯行业及各细分行业的行业协会等，提高农民和企业的组织化水平。积极利用中国东盟博览会、中国东盟商务与投资峰会、泛北部湾经济合作论坛等平台开展行业展示和交流，推动信息共享。此外，我们自己要变客为主，利用我们多层次的政府与民间活动，积极组织开展行业年会、展会、交流会等，打造木薯产业链不同主体的信息沟通平台，构建信息共享机制，为木薯种植业、淀粉加工业、酒精加工业等形成产业集团、产业带，做到基地农户一体化、生产加工一体化打下基础。

（二）构建不同主体的利益联结机制，提高产业链凝聚力

设立木薯产业发展基金、建设技术服务体系等有效政策与措施，帮助农民降低木薯种植的风险，从而稳定农户收入，稳定木薯种植规模；在对专业种植户按种植面积进行良种补贴的基础上，对一般种植散户也给予种苗补贴，以提高良种覆盖率；制定和完善木薯收购价格机制，加工厂商与木薯种植户签订收购协议，提供最低保证价格，确保木薯收购价格的基本稳定，在此基础上，实行原料收购价格和木薯制品价格的联动；将原料品质与价格关联起来，实现优质优价收购，让企业和农民的互利共赢，有利于双向积极性的提高；依托龙头企业连接科研推广部门，辐射广大农民，实行繁育、种植、管理、收购、加工、运输、营销一体化运作。通过以上五大措施，将农户、企业、科研机构利益紧密联结起来，不断提升产业链各环节的凝聚力，推动木薯产业整体实现健康快速发展。

附　　录

财政部　国家发展改革委农业部　国家税务总局 国家林业局　关于发展生物能源和生物化工 财税扶持政策的实施意见

各省、自治区、直辖市、计划单列市财政厅（局）、发展改革委、农业厅（局）、国家税务局、地方税务局、林业厅（局）：

　　发展生物能源与生物化工对于替代化石能源、促进农民增收、改善生态环境具有重要意义。"十五"期间，我国在部分地区试点推广燃料乙醇取得良好的社会效益与生态环境效益。随着国际石油价格的上涨，迫切需要加快实施石油替代战略，积极有序地发展生物能源与生物化工。根据国务院领导指示精神，下一阶段将重点推进生物燃料乙醇、生物柴油、生物化工新产品等生物石油替代品的发展，同时合理引导其他生物能源产品发展。目前我国生物能源与生物化工产业处于起步阶段，制定并实施有关财税扶持政策将为生物能源与生物化工产业的健康发展提供有力的保障。

　　一、生物能源与生物化工财税扶持政策的原则

　　（一）坚持不与粮争地，促进能源与粮食"双赢"。我国人多地少，粮食安全至关重要。发展生物能源产业一定要在确保国家粮食安全基础上稳步推进。当粮食出现阶段性供过于求时，国家有计划地拿出一部分粮食加工转化为生物能源，将有助于丰富粮食转化渠道，平衡粮食供求，有效保护粮价，保护农民种粮积极性。国家鼓励利用秸秆、树枝等农林废弃物，利用薯类、甜高粱等非粮农作物和小桐子、黄连木等木本油料树种为原料加工生产生物能源，鼓励开发利用盐碱地、荒山和荒地等未利用土地建设生物能源原料基地。今后将具备原料基地作为生物能源行业准入与国家财税政策扶持的必要条件。促进实现粮食安全与能源安全的双赢。

（二）坚持产业发展与财政支持相结合，鼓励企业提高效率。生物能源与生物化工产业的发展最终要靠市场，要立足于提高产业自身竞争力。在发展初期，实施国家财税扶持政策将有助于突破制约因素，加快产业发展进程。财税扶持政策要有利于鼓励企业提高效率，有利于科技进步。各类企业要公平竞争，成本低、效率高的企业将优先获得国家支持，体现效率优先原则。国家支持成熟技术的推广。对尚未完全成熟，但发展前景广阔，影响意义深远的新技术，如纤维素制酒精等，国家鼓励产学研相结合，扩大产业化示范。国家财税扶持政策将充分整合与利用现有的各种资金支持渠道，集中力量突破若干关键技术。

（三）坚持生物能源与生物化工发展既积极又稳妥，引导产业健康有序发展。随着国际油价上涨及受国家政策鼓励，生物能源与生物化工产业发展内在动力不断加强，当前地方新上项目的积极性较高，有投资过热的倾向。如不能正确加以引导，将可能破坏生物能源资源；燃料乙醇、生物柴油产品质量如不合格，将可能影响到交通运输安全；在生物能源和生物化工生产环节，如不严格标准，会造成环境污染，增加能源消耗。因此，发展生物能源与生物化工必须充分考虑资源、技术、环保、能耗等多方面因素，稳步发展。国家实施财税扶持政策，将限定支持对象、控制支持范围、把握支持力度，引导产业健康有序发展。

二、发展生物能源和生物化工财税扶持政策内容

（四）实施弹性亏损补贴。目前国际石油价格高位运行，如果油价下跌，生物能源与生物化工生产企业亏损将加大。为化解石油价格变动对发展生物能源与生物化工所造成的市场风险，为市场主体创造稳定的市场预期，将建立风险基金制度与弹性亏损补贴机制。当石油价格高于企业正常生产经营保底价时，国家不予亏损补贴，企业应当建立风险基金；当石油价格低于保底价时，先由企业用风险基金以盈补亏。如果油价长期低位运行，将启动弹性亏损补贴机制，具体补贴办法财政部将会同国家发展改革委另行制定。

（五）原料基地补助。国家鼓励开发冬闲田、盐碱地、荒山、荒地等未利用土地建设生物能源与生物化工原料基地，从而确保生物能源与生物化工有稳定原料供应来源，确保发展生物能源与生物化工不与粮争地。开发生物能源与生物化工原料基地要与土地开发整理、农业综合开发、林业生态项目相结合，享受有关优惠政策。对以"公司＋农户"方式经营的生物能源和生物化工龙头企业，国家给予适当补助。具体补助办法，财政部将会同国家发展改革委、农业部、国家林业局另行制定。

（六）示范补助。国家鼓励具有重大意义的生物能源及生物化工生产技术的产业化示范，以增加技术储备，对示范企业予以适当补助。具体补助办法财政部将另行制定。

（七）税收优惠。对国家确实需要扶持的生物能源和生物化工生产企业，国家给予税收优惠政策，以增强相关企业竞争力，具体政策由财政部、国家税务总局上报国务院后另行制定。

三、生物能源和生物化工财税扶持政策的组织实施

（八）国家财税扶持政策将紧密结合生物燃料乙醇专项规划、生物柴油试点方案。发展生物能源和生物化工应坚持统一规划、防止一哄而起。燃料乙醇将在现有基础上，扩大推广范围，重点发展非粮原料燃料乙醇的生产。近阶段燃料乙醇扩大推广仍将采用"定点生产、定向流通、封闭运行"的方式。生物柴油按国家统一规划，有序开展试点推广。生物能源与生物化工企业实行严格的行业准入制度。地方发展改革委、财政部门根据国家统一的推广规划，联合推荐申报定点企业，申请企业必须符合行业准入标准。国家发展改革委、财政部按有关规定选择并确定定点企业。

（九）国家财税扶持政策将坚持专家评审，科学决策。组织实施财税扶持政策，要充分借助专家力量。由相关领域的专家对地方申报定点企业的生产技术条件、资产财务状况、原料基地情况、生产环保能耗等进行全面论证与评审。在专家评审的基础上，国家发展改革委、财政部按照公开、公平、公正的原则选择效率高、补贴少的企业作为定点企业，并予以公示。

（十）建立政策保障机制，在确保国家粮食安全的前提下稳步发展生物能源和生物化工。建立粮食安全影响因素评价制度，财政部将会同有关部门组织专家对地方申报的生物质能源和生物化工项目消耗粮食、占用土地情况进行专项评审，充分论证与考虑对国家粮食安全的影响。对以粮食为原料生产生物能源与生物化工，国家实行严格的计划控制，只有按国家计划生产才能享受财税扶持政策，未经国家批准的粮食加工转化生物能源，不能享受国家财税扶持政策。对以薯类、甜高粱等非粮农林作物为原料生产生物能源与生物化工，要配套建设原料基地，只有具备原料基地的生物能源与生物化工企业才能享受国家财税扶持政策，原料基地建设要开发利用荒山荒坡等未利用土地，不能占用现有耕地。财政部门严格考核各企业原料基地建设及规模，作为补贴预算依据。

（十一）加强资金监督，确保资金使用安全规范有效。申请生物能源和生物化工财政扶持专项资金，必须按本实施意见的规定程序执行，未执行相关规定者，不能享受国家财税扶持政策。财政部驻各省、自治区、直辖市、计划单列市财政监察专员办事处负责审核确认定点企业生产销售的生物能源产品数量，作为弹性亏损补贴的依据，并对原料基地补助及示范补助的使用情况进行日常监督。农业、林业行业主管部门要加强原料基地建设和开发利用工作的指导。地方财政部门要及时掌握了解企业生产销售情况、原料基地建设情况、示范技术进展情况，加强对财政补贴资金的追踪问效，并向财政部报告。

四、提高认识，加强协作，实施好对生物能源及生物化工发展的财税扶持政策

（十二）充分认识实施财税扶持政策，支持生物能源与生物化工发展的重要意义。积极发展生物能源与生物化工，尤其是发展生物燃料乙醇等石油替代品，具有重要战略意义。国家财税扶持政策对促进生物能源与生物化工的发展至关重要。各级财政等部门要充分认识财税扶持政策的重要意义，将其作为工作的重点，落实好国家有关扶持政策。并且要在摸清当地生物资源底数的基础上，因地制宜，积极支持生物能源与生物化工产业的发展，为企业发展创造良好的政策环境，促进有序开发利用生物能源与生物化工。

（十三）加强部门间配合，共同推动生物能源发展。发展生物能源与生物化工是一项系统工程，需要多个部门的协同配合。中石油、中石化等成品油销售企业要按有关法律规定，收购燃料乙醇等生物能源产品，并积极建设混配中心，为发展生物能源创造良好的市场环境。技术标准管理部门要抓紧制定相关技术标准，为生物柴油等试点推广准备条件。农业、林业部门要做好生物质资源评价，做好育种等基础工作，并引导做好生物能源与生物化工原料基地建设。国家将加大公共能力建设的投入，支持开展各项基础工作。

（十四）本办法自下发之日起执行，由财政部负责解释。

财政部　国家发展改革委

农业部　国家税务总局　国家林业局

2006 年 9 月 30 日

国家发展改革委、财政部关于加强生物燃料乙醇项目建设管理，促进产业健康发展的通知

各省、自治区、直辖市，计划单列市发展改革委、经贸委（经委），财政厅（局）：

我国以生物燃料乙醇为代表的生物能源发展已开展5年，作为"十五"十大重点工程之一，生物燃料乙醇产业发展取得了阶段性成果。截至今年一季度，在有关方面的共同努力下，黑龙江、吉林、辽宁、河南、安徽5省及湖北、河北、山东、江苏部分地区已基本实现车用乙醇汽油替代普通无铅汽油，圆满实现了"十五"期间推广生物乙醇汽油的既定目标。我国已成为世界上继巴西、美国之后第三大生物燃料乙醇生产国和应用国。

近年来，随着国际原油价格的持续攀升和资源的日渐趋紧，石油供给压力空前增大，生物质产业的经济性和环保意义日渐显现，产业发展的内在动力不断增强，积极稳步全面推进和发展生物能源产业的条件和时机日趋成熟。同时，由于全球燃料乙醇需求不断扩大，造成我国乙醇供应趋紧，价格上涨。今年以来，各地积极要求发展生物燃料乙醇产业，建设燃料乙醇项目的热情空前高涨，一些地区存在着产业过热倾向和盲目发展势头。目前，以生物燃料乙醇或非粮生物液体燃料等名目提出的意向建设生产能力已超过千万吨，生物燃料乙醇产业正处在一个关键的发展时期。为加强生物燃料乙醇项目建设管理，促进产业健康发展，现将有关事项通知如下：

一、按照系统工程的要求统筹规划

发展生物燃料乙醇作为国家的一项战略性举措，政策性强，难度大，与市场发育关系紧密，涉及原料供应、乙醇生产、乙醇与组分油混配、储运和流通及相关配套政策、标准、法规的制定等各个方面，业务跨多个部门，是一项复杂的系

统工程。因此，必须按照系统工程的思路，制定总体规划与实施方案。

从国家战略意义出发，根据可持续发展的内在要求，认真分析本地区的基础和优势，找准产业定位。结合土地资源状况，研究分析原料供需总量和区域分布，围绕产业经济性和目标市场，因地制宜确定产业发展的指导思想、发展目标、项目布局原则和乙醇汽油的混配、储运、销售和使用实施方案，以及配套政策、法规工作等。从战略上统一筹划并正确引导生物燃料乙醇产业发展，特别应注意市场是否落实，避免盲目发展。

二、严格市场准入标准与政策

"十一五"总体思路是积极培育石油替代市场，促进产业发展；根据市场发育情况，扩大发展规模；确定合理布局，严格市场准入；依托主导力量，提高发展质量；稳定政策支持，加强市场监管。其基本原则：

（一）因地制宜，非粮为主。重点支持以薯类、甜高粱及纤维资源等非粮原料产业发展；

（二）能源替代，能化并举。生物能源与生物化工相结合，长产业链，高附加值，提高资源开发利用水平，加快石油基向生物基产业的转型；

（三）自主创新，节能降耗。努力提高产业经济性和竞争力，促进纤维素乙醇产业化；

（四）清洁生产，循环经济。通过"吃干榨尽"综合利用，减少废物排放；

（五）合理布局，留有余地。燃料乙醇生产规模要留有一定富余能力，保障市场供应。已有部分地市推广的省份率先改为全省封闭；

（六）统一规划，业主招标。通过公平竞争，择优选拔投资主体，防止一哄而上；

（七）政策支持，市场推动。强化地方政府立法，依法行政。同时，积极发挥市场优化资源配置的基础作用，促进产业健康发展。

三、严格项目建设管理与核准

"十一五"期间，国家继续实行生物燃料乙醇"定点生产，定向流通，市场开放，公平竞争"相关政策。生物燃料乙醇项目实行核准制，其建设项目必须经国家投资主管部门商财政部门核准。在国务院批准实施《生物燃料乙醇及车用乙醇汽油"十一五"发展专项规划》前，除按规定程序核准启动广西木薯乙醇一期工程试点外，任何地区无论是以非粮原料还是其他原料的燃料乙醇项目核准和建设一律要报国家审定。非粮示范也要按照有关规定执行。凡违规审批和擅自开工建设的，不得享受燃料乙醇财政税收优惠政策，造成的经济损失将依据相关规定追究有关单位的责任。非定点企业生产和供应燃料乙醇的，以及燃料乙醇定点企业未经国家批准，擅自扩大生产规模，擅自购买定点外企业乙醇的行为，一律不给予财政补贴，有关职能部门将依据相关规定予以处罚。银行部门审批贷款要充分考虑市场是否落实的风险。

四、强化组织领导和完善工作体系

为保证燃料乙醇试点推广工作的顺利实施，根据国务院领导批示精神和要求，"十五"期间，中央和试点地区均成立了组织领导机构，确保了试点工作稳步推进。这是集中力量办大事的成功经验，也是今后生物燃料乙醇产业发展应积极借鉴的。国家发展改革委将会同财政部继续发挥体制优势，进一步调整和完善现有组织领导机构，增加相关部门为领导小组成员单位。各地区可根据本省实际与条件，建立相应的组织机构，以加强产业发展的领导与协调。

请各级发展改革部门和财政厅局按照通知精神，结合本地区实际，认真做好生物能源产业发展工作。目前，试点评估业已完成，生物燃料乙醇"十一五"发展专项规划正在抓紧编制，国家发展改革委、财政部将适时召开工作会议，加快推进。

国家发展改革委

财政部

2006 年 12 月 14 日

新能源基本建设项目管理的暂行规定

（国家计委　1997 年 5 月 27 日发布　计交能〔1997〕955 号）

第一条　新能源产业是我国起步较晚的新兴产业，为了鼓励和支持我国新能源产业的发展，促进新能源产业化建设，加速新能源设备国产化进程，根据国务院基本建设项目管理和审批程序的有关规定，结合新能源项目的特点制定本暂行规定。

第二条　新能源是指风能、太阳能、地热能、海洋能、生物质能等可再生资源经转化或加工后的电力或洁净燃料。凡新建的新能源设施的项目（转化或加工电力或洁净燃料）为新能源基本建设项目。

第三条　新能源的开发应用既是近期能源平衡的补充，也是远期能源结构调整的希望，符合国家产业政策，是实现可持续发展战略的重要组成部分。国家鼓励新能源及其技术的开发应用。

第四条　新能源的开发应用要在对可再生资源充分调查的基础上做出规划。国家鼓励新能源建设项目向经济规模发展。资源丰富地区可以一次规划分期实施。

第五条　新能源的中长期发展规划和年度计划，先由省（自治区、直辖市、计划单列市）和主管部门编制，经国家计委综合平衡后纳入国家能源发展规划和计划。

第六条　新能源技术的研究和新能源设备的制造，要采用自主开发与引进消化吸收创新相结合的方式，实行技工贸一体化，加速设备国产化。

第七条　新能源基本建设项目的经济规模为：风力发电装机 3000 千瓦及其以上、太阳能发电装机 100 千瓦、地热发电装机 1500 千瓦及其以上、潮汐发电装机 2000 千瓦及其以上、垃圾发电装机 1000 千瓦及其以上、沼气工程日产气 5000 立方米及其以上及投资 3000 万元以上其他新能源项目。达到经济规模的为大中型新能源基本建设项目，达不到的为小型项目。

第八条　申报新能源建设项目需要经过项目建议书和可行性研究报告两个阶段。项目建议书由申请项目的企业法人提出；项目建议书批准后由企业法人委托有资格的设计单位编制可行性研究报告。

第九条　新能源建设项目按隶属关系分为中央项目和地方项目；按项目经济规模分为大中型项目和小型项目。

中央大中型项目由主管部门提出初审意见报国家计委批准；中央小型项目由主管部门批准。

地方大中型项目由省（自治区、直辖市、计划单列市）计委（计经委）提出初审意见报国家计委批准；地方小型项目由省（自治区、直辖市、计划单列市）计委（计经委）批准。

第十条　凡利用外资、引进设备和技术的新能源基本建设项目（包括外商直接投资新能源项目），由国家计委审查批准，批准前不得与外方正式签约。

第十一条　新能源基本建设项目在申报项目建议书阶段要明确资本金来源和融资意向，在可行性研究阶段要落实资本金和资本金以外的融资方案。

第十二条　未经批准的项目不准列入年度基本建设计划，未列入年度新能源建设计划的项目不得开工建设。

第十三条　本暂行规定由国家计划委员会负责解释。

关于进一步支持可再生能源发展有关问题的通知

（国家计委　科技部　1999 年 1 月 12 日发布　计基础〔1999〕44 号）

为了进一步支持可再生能源发展，加速可再生能源发电设备国产化进程，经报国务院批准，现将有关问题通知如下：

一、可再生能源主要包括：风力发电、太阳能光伏发电、生物质能发电、地热发电、海洋能发电等。国家计委和科技部在安排财政性资金建设项目和国家科技攻关项目时，将积极支持可再生能源发电项目。

二、可再生能源发电项目可由银行优先安排基本建设贷款。贷款以国家开发银行为主，也鼓励商业银行积极参与。其中由国家审批建设规模达 3000 千瓦以上的大中型可再生能源发电项目，国家计委将协助业主落实银行贷款。对于银行安排基本建设贷款的可再生能源发电项目给予 2% 财政贴息，中央项目由财政部贴息，申请条件为：

申请银行贷款的可再生能源项目在项目建议书阶段应取得银行贷款意向书，在可行性研究阶段应获得有关银行的贷款承诺函。

可再生能源项目资本金应占项目总投资的 35% 及以上。贴息一律实行"先付后贴"的办法，即先向银行付息，然后申请财政贴息。贴息实行逐年报批。报批程序为：由项目业主填制贴息申请表（一式两份），并附利息计息清单和借款合同，经贷款经办行签署审查意见后，分别报送国家计委、财政部和有关银行。国家计委会同财政部、有关银行审核汇总后，由财政部按国家有关规定下达批准项目贴息资金计划。

地方项目由地方财政贴息，具体办法由地方按国家有关规定制定。

三、对利用国产化可再生能源发电设备的建设项目，国家计委、有关银行将优先安排贴息贷款，还贷期限经银行同意可适当宽限。

四、对利用可再生能源进行并网发电的建设项目，在电网容量允许的情况下，电网管理部门必须允许就近上网，并收购全部上网电量，项目法人应取得与电网管理部门的并网及售电协议。项目建议书阶段应出具并网意向书，可行性研究阶段应出具并网承诺函。

五、对可再生能源并网发电项目在还款期内实行"还本付息＋合理利润"的定价原则，高出电网平均电价的部门由电网分摊。利用国外发电设备的可再生能源并网发电项目在还款期内的投资利润率以不超过"当时相应贷款期贷款利率的3%"为原则。国家鼓励可再生能源发电项目利用国产化设备，利用国产化设备的可再生能源并网发电项目在还款期内的投资利润率，以不低于"当时相应贷款期贷款利率的5%"为原则。其发电价格应实行同网同价，即与采用进口设备的项目享有同等的电价。

六、可再生能源并网发电项目在项目建议书阶段应出具当地物价部门对电价的意向函，可行性研究阶段由当地物价部门审批电价（包括电价构成），并报国家计委备案。经当地物价部门批准和国家计委备案的可再生能源并网发电项目电价从项目投产之日起实行。还本付息期结束以后的电价按电网平均电价确定。

七、对于独立供电的可再生能源发电系统，国家鼓励采用租赁、分期付款方式推广应用，具体办法由各地政府根据具体情况研究制定，并报国家计委备案。

八、本通知国家计委负责解释。

广西壮族自治区人民政府令

第 34 号

《广西壮族自治区车用乙醇汽油管理暂行办法》已经 2007 年 12 月 13 日自治区第十届人民政府第 84 次常务会议审议通过，现予发布，自 2008 年 1 月 1 日起施行。

自治区主席　陆　兵
2007 年 12 月 23 日

广西壮族自治区车用乙醇汽油管理暂行办法

第一条　为节约石油资源，减少车辆尾气污染，改善人居环境，促进国民经济可持续发展，根据《中华人民共和国可再生能源法》和其他法律法规的规定，结合本自治区实际，制定本办法。

第二条　在本自治区区域内调配、储运、销售、使用车用乙醇汽油的单位和个人应当遵守本办法。

本办法所称车用乙醇汽油，是指依照国家标准，用变性燃料乙醇和组分汽油调配后形成的乙醇含量为 10% 的清洁环保燃料。

销售、使用车用乙醇汽油先试点后推广，试点范围和时间以及全自治区封闭销售、使用时间由自治区人民政府另行公布。

军队特需、国家和特种储备、工业生产所需的普通汽油按照国家有关规定执行。

第三条　调配、储运、销售、使用车用乙醇汽油坚持政府统一领导，部门分工负责。

自治区发展和改革部门负责变性燃料乙醇项目建设和车用乙醇汽油调配、储运、销售、使用的综合协调工作。市、县人民政府指定的部门负责辖区内车用乙醇汽油调配、储运、销售、使用的综合管理工作。

其他职能部门依法履行监管职责。

第四条　车用乙醇汽油调配中心、加油站建设或者改造应当遵守国家和自治区的技术规范。建设或者改造完成后，公安消防和安全生产监督管理等相关部门按照有关规定进行检查验收；未达到技术规范要求的，不得投入使用。

第五条　除国家或者自治区确定的车用乙醇汽油调配中心外，任何单位和个人不得调配用于销售的车用乙醇汽油。

调配、储运车用乙醇汽油应当符合国家标准和自治区的规定，遵守技术规范，保证产品质量。

第六条　加油站销售的车用乙醇汽油应当符合国家标准和自治区的规定，并在显著位置标明所销售的油料品种、标号、价格。

封闭销售、使用车用乙醇汽油后，加油站不得销售车用乙醇汽油以外的其他汽油。

第七条　车用乙醇汽油零售价格，由自治区价格主管部门按照国家有关规定，提出作价方案，报经自治区人民政府同意后公布执行。

第八条　车辆使用乙醇汽油前，燃油系统清洗和有关技术参数调整由车辆所有人自主决定。

从事车辆燃油系统清洗和有关技术参数调整的企业，应当具备相应的资质，并严格遵守车辆燃油系统清洗工艺规范，明码标价，提供优质服务。

车辆燃油系统清洗（含技术参数调整）服务价格由自治区价格主管部门依法确定并向社会公布。

第九条　调配、储运、销售车用乙醇汽油的单位或者个人，应当建立调配、储运、销售、库存台账。

第十条　调配、销售车用乙醇汽油的单位、个人以及从事车辆燃油系统清洗和有关技术参数调整的企业排放污染物应当遵守环境保护法律、法规和规章。

第十一条　有关设区的市人民政府、车用乙醇汽油经营单位和高速公路管理部门应当分别在自治区边界公路入口、自治区内加油站、高速公路服务区设立"车用乙醇汽油使用区仅销售乙醇汽油"的标志。

第十二条 违反本办法规定，调配、销售不合格车用乙醇汽油的，由县级以上质量技术监督、工商行政管理部门依法予以处罚。

第十三条 违反本办法规定，擅自提高车用乙醇汽油零售价格以及车辆燃油系统清洗服务价格的，由县级以上价格主管部门依法予以处罚。

第十四条 违反本办法规定，有下列情形之一的，由有关部门予以处罚：

（一）国家或者自治区确定的车用乙醇汽油调配中心以外的单位和个人调配用于销售的车用乙醇汽油的，依法予以取缔，并处违法所得1倍以上5倍以下罚款；

（二）加油站在封闭销售、使用车用乙醇汽油后，继续销售车用乙醇汽油以外的其他汽油的，责令改正，并处10000元以上50000元以下罚款；

（三）车用乙醇汽油调配中心和加油站建设或者改造未达到技术规范要求，调配、销售车用乙醇汽油的，责令整改和暂停经营活动，并处10000元以上30000元以下罚款，整改验收合格后方可恢复经营活动；

（四）从事车辆燃油系统清洗和有关技术参数调整的企业不遵守车辆燃油系统清洗工艺规范的，责令改正，并处1000元以上3000元以下罚款。

第十五条 行政机关及其工作人员有滥用职权、玩忽职守、徇私舞弊以及不履行监督管理职责的其他行为的，对负有责任的主管人员和其他直接责任人员依法给予行政处分；构成犯罪的，依法追究其刑事责任。

第十六条 本办法自2008年1月1日起施行。

中华人民共和国可再生能源法

(2005 年 2 月 28 日第十届全国人民代表大会常务委员会第十四次
会议通过 根据 2009 年 12 月 26 日第十一届全国人民代表大会
常务委员会第十二次会议《关于修改〈中华人民共和
国可再生能源法〉的决定》修正)

第一章 总则

第一条 为了促进可再生能源的开发利用,增加能源供应,改善能源结构,保障能源安全,保护环境,实现经济社会的可持续发展,制定本法。

第二条 本法所称可再生能源,是指风能、太阳能、水能、生物质能、地热能、海洋能等非化石能源。

水力发电对本法的适用,由国务院能源主管部门规定,报国务院批准。

通过低效率炉灶直接燃烧方式利用秸秆、薪柴、粪便等,不适用本法。

第三条 本法适用于中华人民共和国领域和管辖的其他海域。

第四条 国家将可再生能源的开发利用列为能源发展的优先领域,通过制定可再生能源开发利用总量目标和采取相应措施,推动可再生能源市场的建立和发展。

国家鼓励各种所有制经济主体参与可再生能源的开发利用,依法保护可再生能源开发利用者的合法权益。

第五条 国务院能源主管部门对全国可再生能源的开发利用实施统一管理。国务院有关部门在各自的职责范围内负责有关的可再生能源开发利用管理工作。

县级以上地方人民政府管理能源工作的部门负责本行政区域内可再生能源开发利用的管理工作。县级以上地方人民政府有关部门在各自的职责范围内负责有关的可再生能源开发利用管理工作。

第二章　资源调查与发展规划

第六条　国务院能源主管部门负责组织和协调全国可再生能源资源的调查，并会同国务院有关部门组织制定资源调查的技术规范。

国务院有关部门在各自的职责范围内负责相关可再生能源资源的调查，调查结果报国务院能源主管部门汇总。

可再生能源资源的调查结果应当公布；但是，国家规定需要保密的内容除外。

第七条　国务院能源主管部门根据全国能源需求与可再生能源资源实际状况，制定全国可再生能源开发利用中长期总量目标，报国务院批准后执行，并予以公布。

国务院能源主管部门根据前款规定的总量目标和省、自治区、直辖市经济发展与可再生能源实际状况，会同省、自治区、直辖市人民政府确定各行政区域可再生能源开发利用中长期目标，并予公布。

第八条　国务院能源主管部门会同国务院有关部门，根据全国可再生能源开发利用中长期总量目标和可再生能源技术发展状况，编制全国可再生能源开发利用规划，报国务院批准后实施。

国务院有关部门应当制定有利于促进全国可再生能源开发利用中长期总量目标实现的相关规划。

省、自治区、直辖市人民政府管理能源工作的部门会同本级人民政府有关部门，依据全国可再生能源开发利用规划和本行政区域可再生能源开发利用中长期目标，编制本行政区域可再生能源开发利用规划，经本级人民政府批准后，报国务院能源主管部门和国家电力监管机构备案，并组织实施。

经批准的规划应当公布；但是，国家规定需要保密的内容除外。

经批准的规划需要修改的，须经原批准机关批准。

第九条　编制可再生能源开发利用规划，应当遵循因地制宜、统筹兼顾、合理布局、有序发展的原则，对风能、太阳能、水能、生物质能、地热能、海洋能等可再生能源的开发利用作出统筹安排。规划内容应当包括发展目标、主要任务、区域布局、重点项目、实施进度、配套电网建设、服务体系和保障措施等。

组织编制机关应当征求有关单位、专家和公众的意见，进行科学论证。

第三章　产业指导与技术支持

第十条　国务院能源主管部门根据全国可再生能源开发利用规划，制定、公布可再生能源产业发展指导目录。

第十一条　国务院标准化行政主管部门应当制定、公布国家可再生能源电力的并网技术标准和其他需要在全国范围内统一技术要求的有关可再生能源技术和产品的国家标准。

对前款规定的国家标准中未作规定的技术要求，国务院有关部门可以制定相关的行业标准，并报国务院标准化行政主管部门备案。

第十二条　国家将可再生能源开发利用的科学技术研究和产业化发展列为科技发展与高技术产业发展的优先领域，纳入国家科技发展规划和高技术产业发展规划，并安排资金支持可再生能源开发利用的科学技术研究、应用示范和产业化发展，促进可再生能源开发利用的技术进步，降低可再生能源产品的生产成本，提高产品质量。

国务院教育行政部门应当将可再生能源知识和技术纳入普通教育、职业教育课程。

第四章　推广与应用

第十三条　国家鼓励和支持可再生能源并网发电。

建设可再生能源并网发电项目，应当依照法律和国务院的规定取得行政许可或者报送备案。

建设应当取得行政许可的可再生能源并网发电项目，有多人申请同一项目许可的，应当依法通过招标确定被许可人。

第十四条　国家实行可再生能源发电全额保障性收购制度。

国务院能源主管部门会同国家电力监管机构和国务院财政部门，按照全国可再生能源开发利用规划，确定在规划期内应当达到的可再生能源发电量占全部发电量的比重，制定电网企业优先调度和全额收购可再生能源发电的具体办法，并由国务院能源主管部门会同国家电力监管机构在年度中督促落实。

电网企业应当与按照可再生能源开发利用规划建设，依法取得行政许可或者报送备案的可再生能源发电企业签订并网协议，全额收购其电网覆盖范围内符合并网技术标准的可再生能源并网发电项目的上网电量。发电企业有义务配合电网企业保障电网安全。

电网企业应当加强电网建设，扩大可再生能源电力配置范围，发展和应用智能电网、储能等技术，完善电网运行管理，提高吸纳可再生能源电力的能力，为可再生能源发电提供上网服务。

第十五条　国家扶持在电网未覆盖的地区建设可再生能源独立电力系统，为当地生产和生活提供电力服务。

第十六条　国家鼓励清洁、高效地开发利用生物质燃料，鼓励发展能源作物。

利用生物质资源生产的燃气和热力，符合城市燃气管网、热力管网的入网技术标准的，经营燃气管网、热力管网的企业应当接收其入网。

国家鼓励生产和利用生物液体燃料。石油销售企业应当按照国务院能源主管部门或者省级人民政府的规定，将符合国家标准的生物液体燃料纳入其燃料销售体系。

第十七条　国家鼓励单位和个人安装和使用太阳能热水系统、太阳能供热采暖和制冷系统、太阳能光伏发电系统等太阳能利用系统。

国务院建设行政主管部门会同国务院有关部门制定太阳能利用系统与建筑结合的技术经济政策和技术规范。

房地产开发企业应当根据前款规定的技术规范，在建筑物的设计和施工中，为太阳能利用提供必备条件。

对已建成的建筑物，住户可以在不影响其质量与安全的前提下安装符合技术规范和产品标准的太阳能利用系统；但是，当事人另有约定的除外。

第十八条　国家鼓励和支持农村地区的可再生能源开发利用。

县级以上地方人民政府管理能源工作的部门会同有关部门，根据当地经济社会发展、生态保护和卫生综合治理需要等实际情况，制定农村地区可再生能源发展规划，因地制宜地推广应用沼气等生物质资源转化、户用太阳能、小型风能、小型水能等技术。

县级以上人民政府应当对农村地区的可再生能源利用项目提供财政支持。

第五章　价格管理与费用补偿

第十九条　可再生能源发电项目的上网电价，由国务院价格主管部门根据不同类型可再生能源发电的特点和不同地区的情况，按照有利于促进可再生能源开发利用和经济合理的原则确定，并根据可再生能源开发利用技术的发展适时调整。上网电价应当公布。

依照本法第十三条第三款规定实行招标的可再生能源发电项目的上网电价，按照中标确定的价格执行；但是，不得高于依照前款规定确定的同类可再生能源发电项目的上网电价水平。

第二十条　电网企业依照本法第十九条规定确定的上网电价收购可再生能源电量所发生的费用，高于按照常规能源发电平均上网电价计算所发生费用之间的差额，由在全国范围对销售电量征收可再生能源电价附加补偿。

第二十一条　电网企业为收购可再生能源电量而支付的合理的接网费用以及其他合理的相关费用，可以计入电网企业输电成本，并从销售电价中回收。

第二十二条　国家投资或者补贴建设的公共可再生能源独立电力系统的销售电价，执行同一地区分类销售电价，其合理的运行和管理费用超出销售电价的部分，依照本法第二十条的规定补偿。

第二十三条　进入城市管网的可再生能源热力和燃气的价格，按照有利于促进可再生能源开发利用和经济合理的原则，根据价格管理权限确定。

第六章　经济激励与监督措施

第二十四条　国家财政设立可再生能源发展基金，资金来源包括国家财政年度安排的专项资金和依法征收的可再生能源电价附加收入等。

可再生能源发展基金用于补偿本法第二十条、第二十二条规定的差额费用，并用于支持以下事项：

（一）可再生能源开发利用的科学技术研究、标准制定和示范工程；

（二）农村、牧区的可再生能源利用项目；

（三）偏远地区和海岛可再生能源独立电力系统建设；

（四）可再生能源的资源勘查、评价和相关信息系统建设；

（五）促进可再生能源开发利用设备的本地化生产。

本法第二十一条规定的接网费用以及其他相关费用，电网企业不能通过销售电价回收的，可以申请可再生能源发展基金补助。

可再生能源发展基金征收使用管理的具体办法，由国务院财政部门会同国务院能源、价格主管部门制定。

第二十五条　对列入国家可再生能源产业发展指导目录、符合信贷条件的可再生能源开发利用项目，金融机构可以提供有财政贴息的优惠贷款。

第二十六条　国家对列入可再生能源产业发展指导目录的项目给予税收优惠。具体办法由国务院规定。

第二十七条　电力企业应当真实、完整地记载和保存可再生能源发电的有关资料，并接受电力监管机构的检查和监督。

电力监管机构进行检查时，应当依照规定的程序进行，并为被检查单位保守商业秘密和其他秘密。

第七章　法律责任

第二十八条　国务院能源主管部门和县级以上地方人民政府管理能源工作的部门和其他有关部门在可再生能源开发利用监督管理工作中，违反本法规定，有下列行为之一的，由本级人民政府或者上级人民政府有关部门责令改正，对负有责任的主管人员和其他直接责任人员依法给予行政处分；构成犯罪的，依法追究其刑事责任：

（一）不依法作出行政许可决定的；

（二）发现违法行为不予查处的；

（三）有不依法履行监督管理职责的其他行为的。

第二十九条　违反本法第十四条规定，电网企业未按照规定完成收购可再生能源电量，造成可再生能源发电企业经济损失的，应当承担赔偿责任，并由国家电力监管机构责令限期改正；拒不改正的，处以可再生能源发电企业经济损失额1倍以下的罚款。

第三十条　违反本法第十六条第二款规定，经营燃气管网、热力管网的企业不准许符合入网技术标准的燃气、热力入网，造成燃气、热力生产企业经济损失的，应当承担赔偿责任，并由省级人民政府管理能源工作的部门责令限期改正；拒不改正的，处以燃气、热力生产企业经济损失额 1 倍以下的罚款。

第三十一条　违反本法第十六条第三款规定，石油销售企业未按照规定将符合国家标准的生物液体燃料纳入其燃料销售体系，造成生物液体燃料生产企业经济损失的，应当承担赔偿责任，并由国务院能源主管部门或者省级人民政府管理能源工作的部门责令限期改正；拒不改正的，处以生物液体燃料生产企业经济损失额 1 倍以下的罚款。

第八章　附则

第三十二条　本法中下列用语的含义：

（一）生物质能，是指利用自然界的植物、粪便以及城乡有机废物转化成的能源。

（二）可再生能源独立电力系统，是指不与电网连接的单独运行的可再生能源电力系统。

（三）能源作物，是指经专门种植，用以提供能源原料的草本和木本植物。

（四）生物液体燃料，是指利用生物质资源生产的甲醇、乙醇和生物柴油等液体燃料。

第三十三条　本法自 2006 年 1 月 1 日起施行。

可再生能源产业发展指导目录

（国家发展改革委　2005 年 11 月 29 日发布　发改能源〔2005〕2517）

编号	项目	说明和技术指标	发展状况
一、风能			
风力发电			
1	离网型风力发电	用于电网不能覆盖的居民供电，包括独立户用系统和集中村落电站两种发/供电形式	基本商业化
2	并网型风力发电	用于为电网供电，包括陆地和近海并网风力发电，既可以单机并网发电，也可以由多台机组建成风电场并网发电	陆地并网风力发电：商业化初期近海并网风力发电：技术研发
设备/装备制造			
3	风能资源评估分析软件	用于对区域风能资源进行技术和经济性评估以正确地选择风电场场址，主要功能包括：测风数据的处理和统计分析、风况图的生成、风资源评估、风力发电机组和风电场年发电量测算等	技术研发或引进
4	风电场设计和优化软件	用于进行风电场优化设计（即风力发电机组微观选址和排列方案的设计和优化），主要功能包括：确定风力发电机组尾流影响并调整风电机组之间的分布距离，对风电机组和风电场的噪声进行分析和预测，排除不符合技术、地质和环境要求的地段，对风力发电机组选址进行自动优化，对设计过程结果提供可视化界面，进行技术经济分析等	技术研发
5	风电场集中和远程监控系统	用于集中和远程监控风电机组和风电场的运行，主要功能包括：通过运用现代信息和通信技术，实时收集、分析并报告各风电场的风力状况和机组、风电场运行状况监测数据，自动或根据管理人员反馈的指令对风电机组和风电场运行进行效率优化和安全保障控制	技术研发

续表

编号	项目	说明和技术指标	发展状况
6	风电场建设和维护专用装备	用于陆地和近海风电机组的运输、现场吊装和维护	技术研发
7	离网型风力发电系统	用于独立户用系统和集中村落电站，包括风力独立发电和风光互补发电，保证系统安全、经济、连续可靠供电	基本商业化
8	并网型风力发电机组	用于并网风力发电，包括陆地和近海风力发电机组。近海风电机组需适应海洋地质、水文条件和气候环境条件	陆地风电机组：商业化初期 海上风电机组：技术研发
9	风力发电机组总体设计软件	用于对风力发电机组进行结构动力学建模与分析、极限载荷与疲劳载荷计算、风力发电机组动态性能仿真等整机设计工作	技术研发或引进
10	风力机叶片	用于配套1000千瓦（含）以上的大型风力发电机组	技术研发
11	风力机叶片设计软件	用于进行大容量风力机叶片的气动外形及施工工艺设计	技术研发
12	风力机叶片材料	用于制造高强度轻质大容量叶片，包括玻璃纤维增强复合材料（GRP）和碳纤维增强塑料	技术研发
13	风力机轮毂	用于配套1000千瓦（含）以上风力发电机组	技术研发
14	风力机传动系统	用于配套1000千瓦（含）以上风力发电机组	技术研发
15	风力机偏航系统	用于配套1000千瓦（含）以上风力发电机组	技术研发
16	风力机制动系统/机械刹车	用于配套1000千瓦（含）以上风力发电机组	技术研发
17	风力发电用发电机	用于配套1000千瓦（含）以上风力发电机组，包括双馈型发电机和永磁发电机	商业化初期，技术研发（永磁型）

编号	项目	说明和技术指标	发展状况
18	风电机组运行控制系统及变流器	用于配套1000千瓦（含）以上风力发电机组，包括：离网风力发电控制器；失速型风电机组控制器；变速恒频风电机组控制系统及变流器	技术研发
19	风电机组安全保障系统	用于确保在出现极端的气候环境、系统故障和电网故障等紧急情况时的风电机组安全，同时记录机组的状态	技术研发
20	风电机组电磁兼容、雷电冲击等检测装置	用于风电机组的电磁兼容性能和雷电冲击防护能力等性能的检测，以保证机组适应恶劣的自然环境	技术研发
21	风电接入系统设计及电网稳定性分析软件	用于大型风电场接入系统设计和对电网稳定性进行评价	技术研发
22	风电场发电量预测及电网调度匹配软件	用于实时监测和收集风电场各台风电机组运行状况及发电量，分析和预测风电场第2天及后一周的出力变化情况，为电网企业制定调度计划服务，促进大规模风电场的开发和运行	技术开发
23	风电场平稳过渡及支持控制系统	用于大型风电场在接入电网事故条件下，自身平稳过渡并对电网提供支持	技术研发
二、太阳能			
太阳能发电和热利用			
24	离网型太阳能光伏发电	用于为电网不能覆盖地区的居民供电，包括独立户用系统和集中村落电站两种形式	基本商业化
25	并网型太阳能光伏发电	用于为电网供电，包括建筑集成太阳能光伏发电	技术研发、项目示范
26	太阳能光热发电	用于为电网供电或为电网不能覆盖地区的居民供电。包括塔式太阳能光热发电系统、槽式太阳能光热发电系统、盘式太阳能光热发电系统和点聚焦太阳能光热直接发电系统	技术开发

续表

编号	项目	说明和技术指标	发展状况
27	工业用光伏电源	用于为分散的气象台站、地震台站、公路道班、广播电视、卫星地面站、水文观测、太阳能航标、公路铁路信号及太阳能阴极保护系统等提供电力	商业化
28	太阳能照明系统	包括：太阳能路灯、庭院灯、草坪灯、太阳能广告牌、太阳能 LED 城市景观灯等	商业化
29	太阳能交通工具	包括：太阳能汽车、太阳能电动自行车、太阳能游艇、太阳能飞船、太阳能充电站等	技术研发、项目示范
30	太阳能光伏海水淡化系统	用于为缺乏淡水的偏远海岛居民提供淡水	技术研发、项目示范
31	光伏水泵	用于为我国西部严重干旱和偏僻地区分散人口提供饮用水、为建设和改良草场以及沙漠植树造林提供用水	商业化
32	太阳能户用热水器	用于为居民提供生活热水，包括平板式太阳热水器、真空管式太阳热水器等	商业化
33	太阳能集中供热系统	用于为居民或工商业提供热水或供暖，包括太阳能集中供热水系统和太阳能集中采暖系统	技术研发、推广应用
34	太阳能空调系统	用于（通过太阳能集热器和吸收式制冷机）实现热冷转换从而提供制冷和空调服务	技术研发、示范项目
35	零能耗太阳能综合建筑	通过在建筑结构（屋顶和外墙）中集成太阳能集热器（实现太阳能采暖系统和空调系统）和太阳能光伏电池来满足建筑的所有能源需求	技术研发
设备/装备制造			
36	离网型太阳能光伏发电系统	用于独立户用系统和集中村落电站	商业化
37	并网型太阳能光伏发电系统	用于为电网供电，包括建筑集成太阳能光伏发电系统	技术研发、项目示范
38	太阳能光热发电系统	包括：塔式太阳能光热发电系统、槽式太阳能光热发电系统、盘式太阳能光热发电系统和点聚焦太阳光热直接发电系统	技术开发
39	晶硅太阳能电池	包括：单晶硅太阳能电池和多晶硅太阳能电池	商业化、技术改进

编号	项目	说明和技术指标	发展状况
40	薄膜太阳能电池	包括：多结非晶硅薄膜太阳能电池、多晶硅薄膜太阳能电池、化合物薄膜太阳能电池	技术研发
41	其他新型太阳能电池	包括：柔性衬底太阳能电池、聚光太阳能电池、HIT 异质结太阳能电池、有机太阳能电池、纳米非晶硅太阳能电池、机械叠层太阳能电池、薄膜非晶硅/微晶硅叠层太阳能电池等	技术研发
42	建筑用太阳电池组件	用于建筑集成太阳能光伏发电系统，包括：半透光型光伏组件、可以与建筑构件互换的光伏组件、光伏玻璃幕墙、光伏遮阳板等	技术研发
43	太阳能电池及组件制造装备	用于制造太阳能电池及组件，包括：太阳级硅投炉料制造成套装备、多晶硅铸锭炉、多线切割机、剖锭机、硅片抛光设备、硅片清洗机、扩散设备、PECVD 镀膜设备、丝网印刷设备、烘干烧结设备、划片机、自动焊接机、组件层压机等	技术研发或引进
44	太阳能电池测试设备	包括：太阳能电池分选设备、太阳模拟仪、高压绝缘测试设备等	技术研发
45	太阳能电池生产用辅助材料	包括：低铁钢化玻璃、EVA、太阳电池背面封装复合膜、银浆铝浆、焊带等	技术研发
46	光伏发电系统用充放电控制器	用于智能化控制蓄电池充放电过程	技术研发
47	光伏发电系统用直流/交流逆变器	用于包括离网型和并网型直流/交流逆变器，后者需具有并网逆变、最大功率跟踪、防孤岛效应保护等功能	技术研发
48	户用光伏和风/光互补控制/逆变一体机	用于配套容量在 1 千瓦以下的户用光伏、风/光互补发电系统	技术研发
49	（专用）蓄电池	用于独立光伏发电和风力发电系统，应具有很强的耐过充过放性能，低的自放电率和长的使用寿命	技术研发
50	氧化还原液流储能电池	用于独立光伏发电和风力发电系统；功率在几十到几百千瓦、储能达百兆瓦时	技术开发、项目示范

编号	项目	说明和技术指标	发展状况
51	光伏硅材料	用于生产太阳能电池用晶体硅	技术开发或引进
52	光伏发电系统用集中和远程监控系统	用于采集、传输太阳辐射和环境参数及光伏发电系统的运行数据并实现集中或远程监控	技术研发
53	太阳能光热发电用反射镜	用于配套各种太阳能光热发电系统	技术研发
54	光热发电反射镜自动跟踪装置	用于配套各种太阳能光热发电系统,以自动跟踪太阳光辐射,调整反射镜角度,从而最大化获取太阳能	技术研发
55	光热发电集能器	用于配套各种太阳能光热发电系统,以吸收来自反射镜的太阳辐射能,也称"太阳锅炉",要求体积小,换能效率高	技术研发
56	光热发电蓄热装置	用于配套各种太阳能光热发电系统,通过贮存集能器所吸收的热能以保证光热发电相对稳定	技术研发
57	光热直接发电装置	用于配套太阳能光热直接发电系统,包括碱金属热电转换器、半导体发电器、热电子发电器和热光伏发电器	技术研发
58	太阳能光热系统建筑应用设计、优化和测评软件	用于建筑上适用于我国不同地区、不同光照条件下应用太阳能光热系统制冷、采暖的优化设计、模拟;对建筑中使用的太阳能光热系统进行检测和评价	技术研发和推广应用

三、生物质能

生物质发电和生物燃料生产

59	大中型沼气工程供气和发电	包括大型畜禽场、养殖小区、工业有机废水和城市污水工程	商业化、推广应用
60	生物质直接燃烧发电	利用农作物秸秆、林木质直接燃烧发电	技术改进、项目示范
61	生物质气化供气和发电	利用农作物秸秆、林木质气化供气和发电	技术研发、推广应用

续表

编号	项目	说明和技术指标	发展状况
62	城市固体垃圾发电	用于清洁处理和能源化利用城市固体垃圾，包括燃烧发电和填埋场沼气发电	基本商业化
63	生物液体燃料	利用非粮食作物和林木质生物质为原料生产液体燃料	技术研发
64	生物质固化成型燃料	将农作物秸秆，林木质制成固体成型燃料代替煤炭	项目示范
设备/部件制造和原料生产			
65	生物质直燃锅炉	用于配套生物质直接燃烧发电系统，技术性能和规格需适用于生物质的直接燃烧	技术改进
66	生物质燃气内燃机	用于配套生物质气化发电，技术性能和规格需适用于生物质气化发电系统	技术研发
67	生物质气化焦油催化裂解装置	用于将生物质在气化过程中所产生的焦油裂解为可利用的一次性气体	技术研发
68	生物液体燃料生产成套装备	用于生产上述各类生物液体燃料	技术研发、项目示范
69	能源植物种植	用于为各种生物燃料生产提供非粮食生物质原料，包括甜高粱、木薯、麻疯树、甘蔗等	项目示范、推广应用
70	能源植物选育	用于选育培养适合荒山荒滩、沙地、盐碱地种植、稳产高产、对生态环境安全无害的能源作物	技术研发，项目示范
71	高效、宽温域沼气菌种选育	用于沼气工程提高产气率及沼气池在较低温度条件下的使用	技术研发
四、地热能			
地热发电和热利用			
72	地热发电	包括：地热蒸汽发电系统、双循环地热发电系统和闪蒸地热发电系统（后两者适用于中低温地热资源）	技术研发
73	地热供暖	包括单循环直接供暖和双循环间接供暖	项目示范、推广应用

续表

编号	项目	说明和技术指标	发展状况
74	地源热泵供暖和/或空调	包括地下水源、河湖水源、海水源、污水源（包括城市污水、工业污水、医院污水）和土壤热泵系统	项目示范
75	地下热能储存系统	储存包括太阳能、建筑物空调释冷量或释热量等在内的能量	技术研发
设备/装备制造			
76	地热井专用钻探设备	用于钻探地热井，需适应地热井特有的地质结构环境、高温和腐蚀性水文环境及成井工艺要求	技术研发
77	地热井泵	用于配套地热供暖和地源热泵系统，需适应地热井特有的高温和腐蚀性	技术研发
78	水源热泵机组	适应地下水或海水水质及温度	技术研发、项目示范
79	地热能系统设计、优化和测评软件	用于建筑上适用我国不同地区、不同类型地热能系统进行检测和评价	技术研发和推广应用
80	水的热源利用	利用水的温差对建筑物进行制冷和供热，包括利用地下水、城市污水处理厂处理水等水源	项目示范、推广应用
五、海洋能			
海洋能发电			
81	海洋能发电	包括：潮汐发电、波浪能发电、海洋温差发电和海流能发电	技术研发、项目示范
设备/装备制造			
82	海洋能发电成套装备	包括：波浪能发电成套装备、海洋温差发电成套装备、海流能发电成套装备	技术研发
六、水能			
水力发电			
83	并网水电站	符合流域开发规划要求，满足环保要求的各种类型水电站	商业化
84	离网小型水电站	用于就地开发、就近供电，解决边远地区用电和用能问题	商业化
设备/装备制造			
85	水轮机型谱编制	用于水轮机的制造和选型，提高水轮机效率和质量，降低造价，规范设备市场	技术研发

续表

编号	项目	说明和技术指标	发展状况
86	水电自动化技术	用于水电运行的自动化管理，提高运行水平，降低运行成本	技术改进
87	大型高效水轮发电机组	用于提高水轮发电机组单机容量、运行水平和运行效率	技术研发
88	小水电一体化技术	用于1000千瓦以下小型水电站，实现油、水、气等辅助设备系统的控制与主机一体化，以及调速、励磁、保护、测量等监控一体化，提高可靠性，降低设备造价	技术改进

可再生能源中长期发展规划

2007 年 8 月

能源是经济和社会发展的重要物质基础。工业革命以来，世界能源消费剧增，煤炭、石油、天然气等化石能源资源消耗迅速，生态环境不断恶化，特别是温室气体排放导致日益严峻的全球气候变化，人类社会的可持续发展受到严重威胁。目前，我国已成为世界能源生产和消费大国，但人均能源消费水平还很低。随着经济和社会的不断发展，我国能源需求将持续增长。增加能源供应、保障能源安全、保护生态环境、促进经济和社会的可持续发展，是我国经济和社会发展的一项重大战略任务。

可再生能源包括水能、生物质能、风能、太阳能、地热能和海洋能等，资源潜力大，环境污染低，可永续利用，是有利于人与自然和谐发展的重要能源。20世纪 70 年代以来，可持续发展思想逐步成为国际社会共识，可再生能源开发利用受到世界各国高度重视，许多国家将开发利用可再生能源作为能源战略的重要组成部分，提出了明确的可再生能源发展目标，制定了鼓励可再生能源发展的法律和政策，可再生能源得到迅速发展。

可再生能源是我国重要的能源资源，在满足能源需求、改善能源结构、减少环境污染、促进经济发展等方面已发挥了重要作用。但可再生能源消费占我国能源消费总量的比重还很低，技术进步缓慢，产业基础薄弱，不能适应可持续发展的需要。我国《国民经济和社会发展第十一个五年规划纲要》明确提出："实行优惠的财税、投资政策和强制性市场份额政策，鼓励生产与消费可再生能源，提高在一次能源消费中的比重。"为了加快可再生能源发展，促进节能减排，积极应对气候变化，更好地满足经济和社会可持续发展的需要，在总结我国可再生能源资源、技术及产业发展状况，借鉴国际可再生能源发展经验基础上，研究制定了《可再生能源中长期发展规划》，提出了从现在到 2020 年我国可再生能源发展的指导思想、主要任务、发展目标、重点领域和保障措施，以指导我国可再生能源发展和项目建设。

一、国际可再生能源发展状况

（一）发展现状

近年来，受石油价格上涨和全球气候变化的影响，可再生能源开发利用日益受到国际社会的重视，许多国家提出了明确的发展目标，制定了支持可再生能源发展的法规和政策，使可再生能源技术水平不断提高，产业规模逐渐扩大，成为促进能源多样化和实现可持续发展的重要能源。

1. 水电

水力发电是目前最成熟的可再生能源发电技术，在世界各地得到广泛应用。到 2005 年底，全世界水电总装机容量约为 8.5 亿千瓦。目前，经济发达国家水能资源已基本开发完毕，水电建设主要集中在发展中国家。

2. 生物质能

现代生物质能的发展方向是高效清洁利用，将生物质转换为优质能源，包括电力、燃气、液体燃料和固体成型燃料等。生物质发电包括农林生物质发电、垃圾发电和沼气发电等。到 2005 年底，全世界生物质发电总装机容量约为 5000 万千瓦，主要集中在北欧和美国；生物燃料乙醇年产量约 3000 万吨，主要集中在巴西、美国；生物柴油年产量约 200 万吨，主要集中在德国。沼气已是成熟的生物质能利用技术，在欧洲、中国和印度等国家和地区已建设了大量沼气工程和分散的户用沼气池。

3. 风电

风电包括离网运行的小型风力发电机组和大型并网风力发电机组，技术已基本成熟。近年来，并网风电机组的单机容量不断增大，2005 年新增风电机组的平均单机容量超过 1000 千瓦，单机容量 4000 千瓦的风电机组已投入运行，风电场建设已从陆地向海上发展。到 2005 年底，全世界风电装机容量已达 6000 万千瓦，最近 5 年来平均年增长率达 30%。随着风电的技术进步和应用规模的扩大，风电成本持续下降，经济性与常规能源已十分接近。

4. 太阳能

太阳能利用包括太阳能光伏发电、太阳能热发电，以及太阳能热水器和太阳房等热利用方式。光伏发电最初作为独立的分散电源使用，近年来并网光伏发电的发展速度加快，市场容量已超过独立使用的分散光伏电源。2005 年，全世界光伏电池产量为 120 万千瓦，累计已安装了 600 万千瓦。太阳能热发电已经历了较长时间的试验运行，基本上可达到商业运行要求，目前总装机容量约为 40 万千瓦。太阳能热利用技术成熟，经济性好，可大规模应用，2005 年全世界太阳能热水器的总集热面积已达到约 1.4 亿平方米。

5. 地热能

地热能利用包括发电和热利用两种方式，技术均比较成熟。到 2005 年底，全世界地热发电总装机容量约 900 万千瓦，主要在美国、冰岛、意大利等国家。地热能热利用包括地热水的直接利用和地源热泵供热、制冷，在发达国家已得到广泛应用，近 5 年来全世界地热能热利用年均增长约 13%。

6. 海洋能

潮汐发电、波浪发电和洋流发电等海洋能的开发利用也取得了较大进展，初步形成规模的主要是潮汐发电，全世界潮汐发电总装机容量约 30 万千瓦。

（二）发展趋势

随着经济的发展和社会的进步，世界各国将会更加重视环境保护和全球气候变化问题，通过制定新的能源发展战略、法规和政策，进一步加快可再生能源的发展。

从目前可再生能源的资源状况和技术发展水平看，今后发展较快的可再生能源除水能外，主要是生物质能、风能和太阳能。生物质能利用方式包括发电、制气、供热和生产液体燃料，将成为应用最广泛的可再生能源技术。风力发电技术已基本成熟，经济性已接近常规能源，在今后相当长时间内将会保持较快发展。太阳能发展的主要方向是光伏发电和热利用，近期光伏发电的主要市场是发达国家的并网发电和发展中国家偏远地区的独立供电。太阳能热利用的发展方向是太阳能一体化建筑，并以常规能源为补充手段，实现全天候供热，提高太阳能供热的可靠性，在此基础上进一步向太阳能供暖和制冷的方向发展。

总体来看，近 20 年来，大多数可再生能源技术快速发展，产业规模、经济性和市场化程度逐年提高，预计在 2010～2020 年，大多数可再生能源技术可具有市场竞争力，在 2020 年以后将会有更快的发展，并逐步成为主导能源。

（三）发展经验

多年来，世界各国为了促进可持续发展，应对全球气候变化，积极推动可再生能源发展，已积累了丰富的经验，主要是：

1. 目标引导

为了促进可再生能源发展，许多国家制定了相应的发展战略和规划，明确了可再生能源发展目标。1997 年，欧盟提出可再生能源在一次能源消费中的比例将从 1996 年的 6% 提高到 2010 年的 12%，可再生能源发电量占总发电量的比例从 1997 年的 14% 提高到 2010 年的 22%。2007 年初，欧盟又提出了新的发展目标，要求到 2020 年，可再生能源消费占到全部能源消费的 20%，可再生能源发电量占到全部发电量的 30%。美国、日本、澳大利亚、印度、巴西等国也制定了明确的可再生能源发展目标，引导可再生能源的发展。

2. 政策激励

为了确保可再生能源发展目标的实现，许多国家制定了支持可再生能源发展的法规和政策。德国、丹麦、法国、西班牙等国采取优惠的固定电价收购可再生能源发电量，英国、澳大利亚、日本等国实行可再生能源强制性市场配额政策，美国、巴西、印度等国对可再生能源实行投资补贴和税收优惠等政策。

3. 产业扶持

为了促进可再生能源技术进步和产业化发展，许多国家十分重视可再生能源人才培养、研究开发、产业体系建设，建立了专门的研发机构，支持开展可再生能源科学研究、技术开发和产业服务等工作。发达国家不仅支持可再生能源技术研究和开发活动，而且特别重视新技术的试验、示范和推广，经过多年的发展，产业体系已经形成，有力地支持了可再生能源的发展。

4. 资金支持

为了加快可再生能源的发展，许多国家为可再生能源发展提供了强有力的资金支持，对技术研发、项目建设、产品销售和最终用户提供补贴。美国 2005 年的能源法令明确规定了支持可再生能源技术研发及其产业化发展的年度财政预算资金。德国对用户安装太阳能热水器提供 40% 的补贴。许多国家还采取了产品补贴和用户补助方式扩大可再生能源市场，引导社会资金投向可再生能源，有力地推动了可再生能源的规模化发展。

二、我国可再生能源发展现状

（一）资源潜力

根据初步资源评价，我国资源潜力大、发展前景好的可再生能源主要包括水能、生物质能、风能和太阳能。

1. 水能

水能资源是我国重要的可再生能源资源。根据 2003 年全国水力资源复查成果，全国水能资源技术可开发装机容量为 5.4 亿千瓦，年发电量 2.47 万亿千瓦时；经济可开发装机容量为 4 亿千瓦，年发电量 1.75 万亿千瓦时。水能资源主要分布在西部地区，约 70% 在西南地区。长江、金沙江、雅砻江、大渡河、乌江、红水河、澜沧江、黄河和怒江等大江大河的干流水能资源丰富，总装机容量约占全国经济可开发量的 60%，具有集中开发和规模外送的良好条件。

2. 生物质能

我国生物质能资源主要有农作物秸秆、树木枝桠、畜禽粪便、能源作物（植物）、工业有机废水、城市生活污水和垃圾等。全国农作物秸秆年产生量约 6 亿吨，除部分作为造纸原料和畜牧饲料外，大约 3 亿吨可作为燃料使用，折合约 1.5 亿吨标准煤。林木枝桠和林业废弃物年可获得量约 9 亿吨，大约 3 亿吨可作为能源利用，折合约 2 亿吨标准煤。甜高粱、小桐子、黄连木、油桐等能源作物（植物）可种植面积达 2000 多万公顷，可满足年产量约 5000 万吨生物液体燃料的原料需求。畜禽养殖和工业有机废水理论上可年产沼气约 800 亿立方米，全国城市生活垃圾年产生量约 1.2 亿吨。目前，我国生物质资源可转换为能源的潜力约 5 亿吨标准煤，今后随着造林面积的扩大和经济社会的发展，生物质资源转换为能源的潜力可达 10 亿吨标准煤。

3. 风能

根据最新风能资源评价，全国陆地可利用风能资源 3 亿千瓦，加上近岸海域可利用风能资源，共计约 10 亿千瓦。主要分布在两大风带：一是"三北地区"（东北、华北北部和西北地区）；二是东部沿海陆地、岛屿及近岸海域。另外，内陆地区还有一些局部风能资源丰富区。

4. 太阳能

全国 2/3 的国土面积年日照小时数在 2200 小时以上，年太阳辐射总量大于每平方米 5000 兆焦，属于太阳能利用条件较好的地区。西藏、青海、新疆、甘肃、内蒙古、山西、陕西、河北、山东、辽宁、吉林、云南、广东、福建、海南等省份的太阳辐射能量较大，尤其是青藏高原地区太阳能资源最为丰富。

5. 地热能

据初步勘探，我国地热资源以中低温为主，适用于工业加热、建筑采暖、保健疗养和种植养殖等，资源遍布全国各地。适用于发电的高温地热资源较少，主要分布在藏南、川西、滇西地区，可装机潜力约为 600 万千瓦。初步估算，全国可采地热资源量约为 33 亿吨标准煤。

（二）发展现状

经过多年发展，我国可再生能源取得了很大的成绩，水电已成为电力工业的重要组成部分，结合农村能源和生态建设，户用沼气得到了大规模推广应用。近年来，风电、光伏发电、太阳能热利用和生物质能高效利用也取得了明显进展，为调整能源结构、保护环境、促进经济和社会发展做出了重大贡献。

2005 年，可再生能源开发利用总量（不包括传统方式利用生物质能）约1.66 亿吨标准煤，约为 2005 年全国一次能源消费总量的 7.5%。

1. 水电

到 2005 年底，全国水电总装机容量达 1.17 亿千瓦（包括约 700 万千瓦抽水蓄能电站），占全国总发电装机容量的 23%，水电站年发电量为 3952 亿千瓦时，占全国总发电量的 16%。其中小水电站为 3800 万千瓦，年发电量约 1300 亿千瓦时，担负着全国近 1/2 的国土面积、1/3 的县、1/4 人口的供电任务。全国已建成 653 个农村水电初级电气化县，并正在建设 400 个适应小康水平的以小水电为主的电气化县。我国水电勘测、设计、施工、安装和设备制造均达到国际水平，已形成完备的产业体系。

2. 生物质能

（1）沼气。到 2005 年底，全国户用沼气池已达到 1800 万户，年产沼气约70 亿立方米；建成大型畜禽养殖场沼气工程和工业有机废水沼气工程约 1500 处，年产沼气约 10 亿立方米。沼气技术已从单纯的能源利用发展成废弃物处理和生物质多层次综合利用，并广泛地同养殖业、种植业相结合，成为发展绿色生态农业和巩固生态建设成果的一个重要途径。沼气工程的零部件已实现了标准化生产，沼气技术服务体系已比较完善。

（2）生物质发电。到 2005 年底，全国生物质发电装机容量约为 200 万千瓦，其中蔗渣发电约 170 万千瓦、垃圾发电约 20 万千瓦，其余为稻壳等农林废弃物气化发电和沼气发电等。在引进国外垃圾焚烧发电技术和设备的基础上，经过消化吸收，现已基本具备制造垃圾焚烧发电设备的能力。引进国外设备和技术建设了一些垃圾填埋气发电示范项目。但总体来看，我国在生物质发电的原料收集、净化处理、燃烧设备制造等方面与国际先进水平还有一定差距。

（3）生物液体燃料。我国已开始在交通燃料中使用燃料乙醇。以粮食为原料的燃料乙醇年生产能力为 102 万吨；以非粮原料生产燃料乙醇的技术已初步具备商业化发展条件。以餐饮业废油、榨油厂油渣、油料作物为原料的生物柴油生产能力达到年产 5 万吨。

3. 风电

到 2005 年底，全国已建成并网风电场 60 多个，总装机容量为 126 万千瓦。此外，在偏远地区还有约 25 万台小型独立运行的风力发电机（总容量约 5 万千瓦）。我国单机容量 750 千瓦及以下风电设备已批量生产，正在研制兆瓦级（1000 千瓦）以上风力发电设备。与国际先进水平相比，国产风电机组单机容量较小，关键技术依赖进口，零部件的质量还有待提高。

4. 太阳能

（1）太阳能发电。到 2005 年底，全国光伏发电的总容量约为 7 万千瓦，主要为偏远地区居民供电。2002～2003 年实施的"送电到乡"工程安装了光伏电池约 1.9 万千瓦，对光伏发电的应用和光伏电池制造起到了较大的推动作用。除利用光伏发电为偏远地区和特殊领域（通信、导航和交通）供电外，已开始建设屋顶并网光伏发电示范项目。光伏电池及组装厂已有 10 多家，年制造能力达 10 万千瓦以上。但总体来看，我国光伏发电产业的整体水平与发达国家尚有较大差距，特别是光伏电池生产所需的硅材料主要依靠进口，对我国光伏发电的产业发展形成重大制约。

（2）太阳能热水器。到 2005 年底，全国在用太阳能热水器的总集热面积达

8000 万平方米，年生产能力 1500 万平方米。全国有 1000 多家太阳能热水器生产企业，年总产值近 120 亿元，已形成较完整的产业体系，从业人数达 20 多万人。总体来看，我国太阳能热水器应用技术与发达国家还有差距。目前，发达国家的太阳能热水器已实现与建筑的较好结合，向太阳能建筑一体化方向发展，而我国在这方面才开始起步。

5. 地热能

地热发电技术分为地热水蒸气发电和低沸点有机工质发电。我国适合发电的地热资源集中在西藏和云南地区，由于当地水能资源丰富，地热发电竞争力不强，近期难以大规模发展。近年来，地热能的热利用发展较快，主要是热水供应及供暖、水源热泵和地源热泵供热、制冷等。随着地下水资源保护的不断加强，地热水的直接利用将受到更多的限制，地源热泵将是未来的主要发展方向。

（三）存在问题

虽然我国可再生能源开发利用取得了很大成绩，法规和政策体系不断完善，但可再生能源发展仍不能满足可持续发展的需要，存在的主要问题是：

（1）政策及激励措施力度不够。在现有技术水平和政策环境下，除了水电和太阳能热水器有能力参与市场竞争外，大多数可再生能源开发利用成本高，再加上资源分散、规模小、生产不连续等特点，在现行市场规则下缺乏竞争力，需要政策扶持和激励。目前，国家支持风电、生物质能、太阳能等可再生能源发展的政策体系还不够完整，经济激励力度弱，相关政策之间缺乏协调，政策的稳定性差，没有形成支持可再生能源持续发展的长效机制。

（2）市场保障机制还不够完善。长期以来，我国可再生能源发展缺乏明确的发展目标，没有形成连续稳定的市场需求。虽然国家逐步加大了对可再生能源发展的支持力度，但由于没有建立起强制性的市场保障政策，无法形成稳定的市场需求，可再生能源发展缺少持续的市场拉动，致使我国可再生能源新技术发展缓慢。

（3）技术开发能力和产业体系薄弱。除水力发电、太阳能热利用和沼气外，其他可再生能源的技术水平较低，缺乏技术研发能力，设备制造能力弱，技术和设备生产较多依靠进口，技术水平和生产能力与国外先进水平差距较大。同时，可再生能源资源评价、技术标准、产品检测和认证等体系不完善，人才培养不能满足市场快速发展的要求，没有形成支撑可再生能源产业发展的技术服务体系。

三、发展可再生能源的意义

可再生能源是重要的能源资源，开发利用可再生能源具有以下重要意义：

1. 开发利用可再生能源是落实科学发展观、建设资源节约型社会、实现可持续发展的基本要求

充足、安全、清洁的能源供应是经济发展和社会进步的基本保障。我国人口众多，人均能源消费水平低，能源需求增长压力大，能源供应与经济发展的矛盾十分突出。从根本上解决我国的能源问题，不断满足经济和社会发展的需要，保护环境，实现可持续发展，除大力提高能源效率外，加快开发利用可再生能源是重要的战略选择，也是落实科学发展观、建设资源节约型社会的基本要求。

2. 开发利用可再生能源是保护环境、应对气候变化的重要措施

目前，我国环境污染问题突出，生态系统脆弱，大量开采和使用化石能源对环境影响很大，特别是我国能源消费结构中煤炭比例偏高，二氧化碳排放增长较快，对气候变化影响较大。可再生能源清洁环保，开发利用过程不增加温室气体排放。开发利用可再生能源，对优化能源结构、保护环境、减排温室气体、应对气候变化具有十分重要的作用。

3. 开发利用可再生能源是建设社会主义新农村的重要措施

农村是目前我国经济和社会发展最薄弱的地区，能源基础设施落后，全国还有约1150万人没有电力供应，许多农村生活能源仍主要依靠秸秆、薪柴等生物质低效直接燃烧的传统利用方式提供。农村地区可再生能源资源丰富，加快可再生能源开发利用，一方面可以利用当地资源，因地制宜解决偏远地区电力供应和农村居民生活用能问题，另一方面可以将农村地区的生物质资源转换为商品能源，使可再生能源成为农村特色产业，有效延长农业产业链，提高农业效益，增加农民收入，改善农村环境，促进农村地区经济和社会的可持续发展。

4. 开发利用可再生能源是开拓新的经济增长领域、促进经济转型、扩大就业的重要选择

可再生能源资源分布广泛，各地区都具有一定的可再生能源开发利用条件。可再生能源的开发利用主要是利用当地自然资源和人力资源，对促进地区经济发

展具有重要意义。同时，可再生能源也是高新技术和新兴产业，快速发展的可再生能源已成为一个新的经济增长点，可以有效拉动装备制造等相关产业的发展，对调整产业结构，促进经济增长方式转变，扩大就业，推进经济和社会的可持续发展意义重大。

四、指导思想和原则

（一）指导思想

以邓小平理论、"三个代表"重要思想为指导，全面落实科学发展观，促进资源节约型、环境友好型社会和社会主义新农村建设，认真贯彻《可再生能源法》，把发展可再生能源作为全面建设小康社会和实现可持续发展的重大战略举措，加快水能、风能、太阳能和生物质能的开发利用，促进技术进步，增强市场竞争力，不断提高可再生能源在能源消费中的比重。

（二）基本原则

1. 坚持开发利用与经济、社会和环境相协调

可再生能源的发展既要重视规模化开发利用，不断提高可再生能源在能源供应中的比重，也要重视可再生能源对解决农村能源问题、发展循环经济和建设资源节约型、环境友好型社会的作用，更要重视与环境和生态保护的协调。要根据资源条件和经济社会发展需要，在保护环境和生态系统的前提下，科学规划，因地制宜，合理布局，有序开发。特别是要高度重视生物质能开发与粮食和生态环境的关系，不得违法占用耕地，不得大量消耗粮食，不得破坏生态环境。

2. 坚持市场开发与产业发展互相促进

对资源潜力大、商业化发展前景好的风电和生物质发电等新兴可再生能源，在加大技术开发投入力度的同时，采取必要措施扩大市场需求，以持续稳定的市场需求为可再生能源产业的发展创造有利条件。建立以自我创新为主的可再生能源技术开发和产业发展体系，加快可再生能源技术进步，提高设备制造能力，并通过持续的规模化发展提高可再生能源的市场竞争力，为可再生能源的大规模发展奠定基础。

3. 坚持近期开发利用与长期技术储备相结合

积极发展未来具有巨大潜力、近期又有一定市场需求的可再生能源技术。既

要重视近期适宜应用的水电、生物质发电、沼气、生物质固体成型燃料、风电和太阳能热利用，也要重视未来发展前景良好的太阳能光伏发电、生物液体燃料等可再生能源技术。

4. 坚持政策激励与市场机制相结合

国家通过经济激励政策支持采用可再生能源技术解决农村能源短缺和无电问题，发展循环经济。同时，国家建立促进可再生能源发展的市场机制，运用市场化手段调动投资者的积极性，提高可再生能源的技术水平，推进可再生能源产业化发展，不断提高可再生能源的竞争力，使可再生能源在国家政策的支持下得到更大规模的发展。

五、发展目标

（一）总体目标

今后15年我国可再生能源发展的总目标是：提高可再生能源在能源消费中的比重，解决偏远地区无电人口用电问题和农村生活燃料短缺问题，推行有机废弃物的能源化利用，推进可再生能源技术的产业化发展。

1. 提高可再生能源比重，促进能源结构调整

我国探明的石油、天然气资源贫乏，单纯依靠化石能源难以实现经济、社会和环境的协调发展。水电、生物质能、风电和太阳能资源潜力大，技术已经成熟或接近成熟，具有大规模开发利用的良好前景。加快发展水电、生物质能、风电和太阳能，大力推广太阳能和地热能在建筑中的规模化应用，降低煤炭在能源消费中的比重，是我国可再生能源发展的首要目标。

2. 解决无电人口的供电问题，改善农村生产、生活用能条件

无电人口地处偏远地区，人口分散，缺乏常规能源资源，而且许多地区不适合采用常规方式建设能源基础设施，采用可再生能源技术是解决这些无电人口供电问题的有效手段。农村人口众多，生活用能方式落后，影响农村居民生活水平的提高，特别是过度利用薪柴作为生活燃料对生态破坏严重。在农村就地利用可再生能源资源，可以实现多能互补，显著改善农村居民的生产、生活条件，对农村小康社会建设将起到积极的推动作用。

3. 清洁利用有机废弃物，推进循环经济发展

在农作物生产及粮食加工、林业生产和木材加工、畜禽养殖、工业生产、城市生活污水、垃圾处理等过程中，会产生大量有机废弃物。如果这些废弃物不能得到合理利用和妥善处理，将会成为环境污染源，对自然生态、大气环境和人体健康造成危害。利用可再生能源技术，将这些有机废弃物转换为电力、燃气、固体成型燃料等清洁能源，既是保护环境的重要措施，也是充分利用废弃物、变废为宝的重要手段，符合发展循环经济的要求。

4. 规模化建设带动可再生能源新技术的产业化发展

目前，除了水电、太阳能热利用、沼气等少数可再生能源技术，大部分可再生能源产业基础仍很薄弱，还不具备直接参与市场竞争的能力，因此，现阶段可再生能源发展的一项重要任务是提高技术水平和建立完善的产业体系。2010年之前，在加快可再生能源技术发展，扩大可再生能源开发利用的同时，重点完善支持可再生能源发展的政策体系和机构能力建设，初步建立适应可再生能源规模化发展的产业基础。从2010年到2020年，要建立起完备的可再生能源产业体系，大幅降低可再生能源开发利用成本，为大规模开发利用打好基础。2020年以后，要使可再生能源技术具有明显的市场竞争力，使可再生能源成为重要能源。

（二）具体发展目标

（1）充分利用水电、沼气、太阳能热利用和地热能等技术成熟、经济性好的可再生能源，加快推进风力发电、生物质发电、太阳能发电的产业化发展，逐步提高优质清洁可再生能源在能源结构中的比例，力争到2010年使可再生能源消费量达到能源消费总量的10%，到2020年达到15%。

（2）因地制宜利用可再生能源解决偏远地区无电人口的供电问题和农村生活燃料短缺问题，并使生态环境得到有效保护。按循环经济模式推行有机废弃物的能源化利用，基本消除有机废弃物造成的环境污染。

（3）积极推进可再生能源新技术的产业化发展，建立可再生能源技术创新体系，形成较完善的可再生能源产业体系。到2010年，基本实现以国内制造设备为主的装备能力。到2020年，形成以自有知识产权为主的国内可再生能源装备能力。

六、重点发展领域

根据各类可再生能源的资源潜力、技术状况和市场需求情况，2010 年和 2020 年可再生能源发展重点领域如下：

（一）水电

考虑到资源分布特点、开发利用条件、经济发展水平和电力市场需求等因素，今后水电建设的重点是金沙江、雅砻江、大渡河、澜沧江、黄河上游和怒江等重点流域，同时，在水能资源丰富地区，结合农村电气化县建设和实施"小水电代燃料"工程需要，加快开发小水电资源。到 2010 年，全国水电装机容量达到 1.9 亿千瓦，其中大中型水电 1.4 亿千瓦，小水电 5000 万千瓦；到 2020 年，全国水电装机容量达到 3 亿千瓦，其中大中型水电 2.25 亿千瓦，小水电 7500 万千瓦。开展西藏自治区东部水电外送方案研究，以及金沙江、澜沧江、怒江"三江"上游和雅鲁藏布江水能资源的勘查和开发利用规划，做好水电开发的战略接替准备工作。

（二）生物质能

根据我国经济社会发展需要和生物质能利用技术状况，重点发展生物质发电、沼气、生物质固体成型燃料和生物液体燃料。到 2010 年，生物质发电总装机容量达到 550 万千瓦，生物质固体成型燃料年利用量达到 100 万吨，沼气年利用量达到 190 亿立方米，增加非粮原料燃料乙醇年利用量 200 万吨，生物柴油年利用量达到 20 万吨。到 2020 年，生物质发电总装机容量达到 3000 万千瓦，生物质固体成型燃料年利用量达到 5000 万吨，沼气年利用量达到 440 亿立方米，生物燃料乙醇年利用量达到 1000 万吨，生物柴油年利用量达到 200 万吨。

1. 生物质发电

生物质发电包括农林生物质发电、垃圾发电和沼气发电，建设重点为：

（1）在粮食主产区建设以秸秆为燃料的生物质发电厂，或将已有燃煤小火电机组改造为燃用秸秆的生物质发电机组。在大中型农产品加工企业、部分林区和灌木集中分布区、木材加工厂，建设以稻壳、灌木林和木材加工剩余物为原料的生物质发电厂。在"十一五"前 3 年，建设农业生物质发电（主要以秸秆为燃料）和林业生物质发电示范项目各 20 万千瓦。到 2010 年，农林生物质发电

（包括蔗渣发电）总装机容量达到 400 万千瓦，到 2020 年达到 2400 万千瓦。在宜林荒山、荒地、沙地开展能源林建设，为农林生物质发电提供燃料。

（2）在规模化畜禽养殖场、工业有机废水处理和城市污水处理厂建设沼气工程，合理配套安装沼气发电设施。在"十一五"前 3 年，建设 100 个沼气工程及发电示范项目，总装机容量 5 万千瓦。到 2010 年，建成规模化畜禽养殖场沼气工程 4700 座、工业有机废水沼气工程 1600 座，大中型沼气工程年产沼气约 40 亿立方米，沼气发电达到 100 万千瓦。到 2020 年，建成大型畜禽养殖场沼气工程 10000 座、工业有机废水沼气工程 6000 座，年产沼气约 140 亿立方米，沼气发电达到 300 万千瓦。

（3）在经济较发达、土地资源稀缺地区建设垃圾焚烧发电厂，重点地区为直辖市、省级城市、沿海城市、旅游风景名胜城市、主要江河和湖泊附近城市。积极推广垃圾卫生填埋技术，在大中型垃圾填埋场建设沼气回收和发电装置。到 2010 年，垃圾发电总装机容量达到 50 万千瓦，到 2020 年达到 300 万千瓦。

2. 生物质固体成型燃料

生物质固体成型燃料是指通过专门设备将生物质压缩成型的燃料，储存、运输、使用方便，清洁环保，燃烧效率高，既可作为农村居民的炊事和取暖燃料，也可作为城市分散供热的燃料。生物质固体成型燃料的发展目标和建设重点为：

（1）2010 年前，结合解决农村基本能源需要和改变农村用能方式，开展 500 个生物质固体成型燃料应用示范点建设。在示范点建设生物质固体成型燃料加工厂，就近为当地农村居民提供燃料，富余量出售给城镇居民和工业用户。到 2010 年，全国生物质固体成型燃料年利用量达到 100 万吨。

（2）到 2020 年，使生物质固体成型燃料成为普遍使用的一种优质燃料。生物质固体成型燃料的生产包括以下两种方式：一种是分散方式，在广大农村地区采用分散的小型化加工方式，就近利用农作物秸秆，主要用于解决农民自身用能需要，剩余量作为商品燃料出售；另一种是集中方式，在有条件的地区，建设大型生物质固体成型燃料加工厂，实行规模化生产，为大工业用户或城乡居民提供生物质商品燃料。全国生物质固体成型燃料年利用量达到 5000 万吨。

3. 生物质燃气

充分利用沼气和农林废弃物气化技术提高农村地区生活用能的燃气比例，并把生物质气化技术作为解决农村废弃物和工业有机废弃物环境治理的重要措施。在农村地区主要推广户用沼气，特别是与农业生产结合的沼气技术；在中小城镇发展以大型畜禽养殖场沼气工程和工业废水沼气工程为气源的集中供气。到2010年，约4000万户（约1.6亿人）农村居民生活燃料主要使用沼气，年沼气利用量约150亿立方米。到2020年，约8000万户（约3亿人）农村居民生活燃气主要使用沼气，年沼气利用量约300亿立方米。

4. 生物液体燃料

生物液体燃料是重要的石油替代产品，主要包括燃料乙醇和生物柴油。根据我国土地资源和农业生产的特点，合理选育和科学种植能源植物，建设规模化原料供应基地和大型生物液体燃料加工企业。不再增加以粮食为原料的燃料乙醇生产能力，合理利用非粮生物质原料生产燃料乙醇。近期重点发展以木薯、甘薯、甜高粱等为原料的燃料乙醇技术，以及以小桐子、黄连木、油桐、棉籽等油料作物为原料的生物柴油生产技术，逐步建立餐饮等行业的废油回收体系。从长远考虑，要积极发展以纤维素生物质为原料的生物液体燃料技术。在2010年前，重点在东北、山东等地，建设若干个以甜高粱为原料的燃料乙醇试点项目，在广西、重庆、四川等地，建设若干个以薯类作物为原料的燃料乙醇试点项目，在四川、贵州、云南、河北等地建设若干个以小桐了、黄连木、油桐等油料植物为原料的生物柴油试点项目。到2010年，增加非粮原料燃料乙醇年利用量200万吨，生物柴油年利用量达到20万吨。到2020年，生物燃料乙醇年利用量达到1000万吨，生物柴油年利用量达到200万吨，总计年替代约1000万吨成品油。

（三）风电

通过大规模的风电开发和建设，促进风电技术进步和产业发展，实现风电设备制造自主化，尽快使风电具有市场竞争力。在经济发达的沿海地区，发挥其经济优势，在"三北"（西北、华北北部和东北）地区发挥其资源优势，建设大型和特大型风电场，在其他地区，因地制宜地发展中小型风电场，充分利用各地的风能资源。主要发展目标和建设重点如下：

（1）到2010年，全国风电总装机容量达到500万千瓦。重点在东部沿海和"三北"地区，建设30个左右10万千瓦等级的大型风电项目，建立江苏、河北、内蒙古3个100万千瓦级的风电基地。建成1～2个10万千瓦级海上风电试点项目。

（2）到 2020 年，全国风电总装机容量达到 3000 万千瓦。在广东、福建、江苏、山东、河北、内蒙古、辽宁和吉林等具备规模化开发条件的地区，进行集中连片开发，建成若干个总装机容量 200 万千瓦以上的风电大省。建成新疆达坂城、甘肃玉门、苏沪沿海、内蒙古辉腾锡勒、河北张北和吉林白城 6 个百万千瓦级大型风电基地，并建成 100 万千瓦海上风电。

（四）太阳能

1. 太阳能发电

发挥太阳能光伏发电适宜分散供电的优势，在偏远地区推广使用户用光伏发电系统或建设小型光伏电站，解决无电人口的供电问题。在城市的建筑物和公共设施配套安装太阳能光伏发电装置，扩大城市可再生能源的利用量，并为太阳能光伏发电提供必要的市场规模。为促进我国太阳能发电技术的发展，做好太阳能技术的战略储备，建设若干个太阳能光伏发电示范电站和太阳能热发电示范电站。到 2010 年，太阳能发电总容量达到 30 万千瓦，到 2020 年达到 180 万千瓦。建设重点如下：

（1）采用户用光伏发电系统或建设小型光伏电站，解决偏远地区无电村和无电户的供电问题，重点地区是西藏、青海、内蒙古、新疆、宁夏、甘肃、云南等省（区、市）。建设太阳能光伏发电约 10 万千瓦，解决约 100 万户偏远地区农牧民生活用电问题。到 2010 年，偏远农村地区光伏发电总容量达到 15 万千瓦，到 2020 年达到 30 万千瓦。

（2）在经济较发达、现代化水平较高的大中城市，建设与建筑物一体化的屋顶太阳能并网光伏发电设施，首先在公益性建筑物上应用，然后逐渐推广到其他建筑物，同时在道路、公园、车站等公共设施照明中推广使用光伏电源。

"十一五"时期，重点在北京、上海、江苏、广东、山东等地区开展城市建筑屋顶光伏发电试点。到 2010 年，全国建成 1000 个屋顶光伏发电项目，总容量 5 万千瓦。到 2020 年，全国建成 2 万个屋顶光伏发电项目，总容量 100 万千瓦。

（3）建设较大规模的太阳能光伏电站和太阳能热发电电站。"十一五"时期，在甘肃敦煌和西藏拉萨（或阿里）建设大型并网型太阳能光伏电站示范项目；在内蒙古、甘肃、新疆等地选择荒漠、戈壁、荒滩等空闲土地，建设太阳能热发电示范项目。到 2010 年，建成大型并网光伏电站总容量 2 万千瓦、太阳能热发电总容量 5 万千瓦。到 2020 年，全国太阳能光伏电站总容量达到 20 万千瓦，太阳能热发电总容量达到 20 万千瓦。

另外，光伏发电在通信、气象、长距离管线、铁路、公路等领域有良好的应用前景，预计到 2010 年，这些商业领域的光伏应用将累计达到 3 万千瓦，到 2020 年将达到 10 万千瓦。

2. 太阳能热利用

在城市推广普及太阳能一体化建筑、太阳能集中供热水工程，并建设太阳能采暖和制冷示范工程。在农村和小城镇推广户用太阳能热水器、太阳房和太阳灶。到 2010 年，全国太阳能热水器总集热面积达到 1.5 亿平方米，加上其他太阳能热利用，年替代能源量达到 3000 万吨标准煤。到 2020 年，全国太阳能热水器总集热面积达到约 3 亿平方米，加上其他太阳能热利用，年替代能源量达到 6000 万吨标准煤。

（五）其他可再生能源

积极推进地热能和海洋能的开发利用。合理利用地热资源，推广满足环境保护和水资源保护要求的地热供暖、供热水和地源热泵技术，在夏热冬冷地区大力发展地源热泵，满足冬季供热需要。在具有高温地热资源的地区发展地热发电，研究开发深层地热发电技术。在长江流域和沿海地区发展地表水、地下水、土壤等浅层地热能进行建筑采暖、空调和生活热水供应。到 2010 年，地热能年利用量达到 400 万吨标准煤，到 2020 年，地热能年利用量达到 1200 万吨标准煤。到 2020 年，建成潮汐电站 10 万千瓦。

（六）农村可再生能源利用

在农村地区开发利用可再生能源，解决广大农村居民生活用能问题，改善农村生产和生活条件，保护生态环境和巩固生态建设成果，有效提高农民收入，促进农村经济和社会更快发展。发展重点是：

（1）解决农村无电地区的用电问题。在电网延伸供电不经济的地区，发挥当地资源优势，利用小水电、太阳能光伏发电和风力发电等可再生能源技术，为农村无电人口提供基本电力供应。在小水电资源丰富地区，优先开发建设小水电站（包括微水电），为约 100 万户居民供电。在缺乏小水电资源的地区，因地制宜建设独立的小型太阳能光伏电站、风光互补电站，推广使用小风电、户用光伏发电、风光互补发电系统，为约 100 万户居民供电。

（2）改善农村生活用能条件。推广"小水电代燃料"、户用沼气、生物质固体成型燃料、太阳能热水器等可再生能源技术，为农村地区提供清洁的生活能源，改善农村生活条件，提高农民生活质量。到 2010 年，使用清洁可再生能源的农户普及率达到 30%，农村户用沼气达到 4000 万户，太阳能热水器使用量达到 5000 万平方米。到 2020 年，使用清洁可再生能源的农户普及率达到 70% 以上，农村户用沼气达到 8000 万户，太阳能热水器使用量达到 1 亿平方米。

（3）开展绿色能源示范县建设。在可再生能源资源丰富地区，坚持因地制宜，灵活多样的原则，充分利用各种可再生能源，积极推进绿色能源示范县建设。绿色能源县的可再生能源利用量在生活能源消费总量中要超过 50%，各种生物质废弃物得到妥善处理和合理利用。绿色能源示范县建设要与沼气利用、生物质固体成型燃料和太阳能利用相结合。到 2010 年，全国建成 50 个绿色能源示范县；到 2020 年，绿色能源县普及到 500 个。

七、投资估算与效益分析

（一）投资估算

要实现可再生能源发展目标，建设资金是必要的保障条件。根据各种可再生能源的应用领域、建设规模、技术特点和发展状况，采取国家投资和社会多元化投资相结合的方式解决可再生能源开发利用的建设资金问题。

从 2006 年到 2020 年，新增 1.9 亿千瓦水电装机，按平均每千瓦 7000 元测算，需要总投资约 1.3 万亿元；新增 2800 万千瓦生物质发电装机，按平均每千瓦 7000 元测算，需要总投资约 2000 亿元；新增约 2900 万千瓦风电装机，按平均每千瓦 6500 元测算，需要总投资约 1900 亿元；新增 6200 万户农村户用沼气，按户均投资 3000 元测算，需要总投资约 1900 亿元；新增太阳能发电约 173 万千瓦，按每千瓦 75000 元测算，需要总投资约 1300 亿元。加上大中型沼气工程、太阳能热水器、地热、生物液体燃料生产和生物质固体成型燃料等，预计实现 2020 年规划任务将需总投资约 2 万亿元。

（二）环境和社会影响

不但水力发电、风力发电、太阳能发电、太阳能热利用不排放污染物和温室气体，而且可显著减少煤炭消耗，也相应减少煤炭开采的生态破坏和燃煤发电的水资源消耗。可再生能源开发利用中的工业废水、城市污水和畜禽养殖场沼气工程本身就是清洁生产的重要措施，有利于环境保护和可持续发展。生物质发电排放的二氧化硫、氮氧化物和烟尘等污染物远少于燃煤发电，特别是生物质从生长到燃烧总体上对环境不增加二氧化碳排放量。因此，可再生能源开发利用可减少污染物和温室气体排放，并减少水资源消耗和生态破坏。

可再生能源开发过程对生态环境也可能产生不利影响，水电开发对所在流域的生态环境有一定影响，特别是会淹没部分土地，可能改变生物生存环境，造成泥沙淤积，施工过程对地貌和植被有一定影响。目前，水电施工技术和环保技术已将不利影响减少到最小，许多水电工程建成后可有效改善生态环境。

风电建设要占用大面积的土地，旋转的风机叶片可能影响鸟类，在靠近居民区的地方可能产生噪声污染，目前大多数风电场是一种新的旅游景点，但随着风电建设规模的扩大，可能会出现一些环境问题，如噪声和影响自然景观等。生物质发电过程如果采取环保措施不当，将会排放灰尘等污染物，也要消耗水资源，需要采取严格的环保措施。多数可再生能源技术新，应用范围广，涉及千家万户，要严格安全技术标准，普及安全常识，保障安全生产和安全使用。

可再生能源资源分布广泛，大型水电资源集中在地理位置较为偏僻的高山峡谷地区，大量的风能资源处于戈壁滩、大草原和沿海滩涂地区，太阳能资源在西部地区最为丰富，生物质能资源主要在农业大县和林区。这些地区的可再生能源开发利用可以起到促进地区经济发展、加快脱贫致富、实现均衡和谐发展的作用。可再生能源开发利用，特别是生物质能开发利用可以促进农村经济发展，增加农民收入，对解决"三农"问题十分有利。

总体来看，可再生能源开发利用对环境和社会的影响利大于弊，坚持趋利避害的开发利用方针，有利于实现可持续发展，符合建设资源节约型、环境友好型社会及构建和谐社会的要求。

（三）效益分析

1. 能源效益

到 2010 年和 2020 年，全国可再生能源开发利用量分别相当于 3 亿吨标准煤和 6 亿吨标准煤，可显著减少煤炭消耗，弥补天然气和石油资源的不足。初步估算，可再生能源达到 2020 年的利用量时，年发电量相当于替代煤炭约 6 亿吨，沼气年利用量相当于 240 亿立方米天然气，燃料乙醇和生物柴油年用量相当于替代石油约 1000 万吨，太阳能和地热能的热利用相当于降低能源年需求量约 7000 万吨标准煤。可再生能源的开发利用对改善能源结构和节约能源资源将起到重大作用。

2. 环境效益

可再生能源的开发利用将带来显著的环境效益。达到 2010 年发展目标时，可再生能源年利用量相当于减少二氧化硫年排放量约 400 万吨，减少氮氧化物年排放量约 150 万吨，减少烟尘年排放量约 200 万吨，减少二氧化碳年排放量约 6 亿吨，年节约用水约 15 亿立方米，可以使约 1.5 亿亩林地免遭破坏。达到 2020 年发展目标时，可再生能源年利用量相当于减少二氧化硫年排放量约 800 万吨，减少氮氧化物年排放量约 300 万吨，减少烟尘年排放量约 400 万吨，减少二氧化碳年排放量约 12 亿吨，年节约用水约 20 亿立方米，可使约 3 亿亩林地免遭破坏。

3. 社会效益

到 2020 年，将利用可再生能源累计解决无电地区约 1000 万人口的基本用电问题，改善约 1 亿户农村居民的生活用能条件。农作物秸秆和农业废弃生物质的能源利用可提高农业生产效益，预计达到 2020 年开发利用规模时，可增加农民年收入约 1000 亿元。农村户用沼气池和畜禽养殖场沼气工程建设将改善农村地区环境卫生，减少畜禽粪便对河流、水源和地下水的污染。可再生能源开发利用将促进农村和县域经济发展，提高农村能源供应等公用设施的现代化水平。

能源林建设、林业生物质及木材加工废弃物的能源利用可促进植树造林和生态环境保护，预计林业领域生物质能利用达到 2020 年目标时，可增加林业年产值约 500 亿元。城市生活污水处理和工业生产废水处理沼气利用可促进循环经济发展。可再生能源开发利用、设备制造和相关配套产业可增加大量就业岗位，到

2020 年，预计可再生能源领域的从业人数将达到 200 万人。

可再生能源的开发利用将节约和替代大量化石能源，显著减少污染物和温室气体排放，促进人与自然的协调发展，对全面建设小康社会和社会主义新农村起到重要作用，有力地推进经济和社会的可持续发展。

八、规划实施保障措施

为了确保规划目标的实现，将采取下列措施支持可再生能源的发展：

1. 提高全社会的认识

全社会都要从战略和全局高度认识可再生能源的重要作用，国务院各有关部门和各级政府都要认真执行《可再生能源法》，制定相关配套政策和规章，制定可再生能源发展专项规划，明确发展目标，将可再生能源开发利用作为建设资源节约型、环境友好型社会的考核指标。

2. 建立持续稳定的市场需求

根据可再生能源发展目标要求，按照政府引导、政策支持和市场推动相结合的原则，通过优惠的价格政策和强制性的市场份额政策，以及政府投资、政府特许权等措施，培育持续稳定增长的可再生能源市场，促进可再生能源的开发利用、技术进步和产业发展，确保可再生能源中长期发展规划目标的实现。

对非水电可再生能源发电规定强制性市场份额目标：到 2010 年和 2020 年，大电网覆盖地区非水电可再生能源发电在电网总发电量中的比例分别达到 1% 和 3% 以上；权益发电装机总容量超过 500 万千瓦的投资者，所拥有的非水电可再生能源发电权益装机总容量应分别达到其权益发电装机总容量的 3% 和 8% 以上。

3. 改善市场环境条件

国家电网企业和石油销售企业要按照《可再生能源法》的要求，承担收购可再生能源电力和生物液体燃料的义务。国务院能源主管部门负责组织制定各类可再生能源电力的并网运行管理规定，电网企业要负责建设配套电力送出工程。电力调度机构要根据可再生能源发电的规律，合理安排电力生产及运行调度，使可再生能源资源得到充分利用。在国家指定的生物液体燃料销售区域内，所有经营交通燃料的石油销售企业均应销售掺入规定比例生物液体燃料的汽油或柴油产品，并尽快在全国推行乙醇汽油和生物柴油。

国务院建筑行政主管部门和国家标准委组织制定建筑物太阳能利用的国家标准，修改完善相关建筑标准、工程规范和城市建设管理规定，为太阳能在建筑物上应用创造条件。在太阳能资源丰富、经济条件好的城镇，要在必要的政策条件下，强制扩大太阳能热利用技术的市场份额。

4. 制定电价和费用分摊政策

国务院价格主管部门根据各类可再生能源发电的技术特点和不同地区的情况，按照有利于可再生能源发展和经济合理的原则，制定和完善可再生能源发电项目的上网电价，并根据可再生能源开发利用技术的发展适时调整；实行招标的可再生能源发电项目的上网电价，按照招标确定的价格执行，并根据市场情况进行合理调整。电网企业收购可再生能源发电量所产生的费用，高于按照常规能源发电平均上网电价计算所发生费用之间的差额，附加在销售电价中在全社会分摊。

5. 加大财政投入和税收优惠力度

中央财政根据《可再生能源法》的要求，设立可再生能源发展专项资金，根据可再生能源发展需要和国家财力状况确定资金规模。各级地方财政也要按照《可再生能源法》的要求，结合本地区实际，安排必要的财政资金支持可再生能源发展。国家运用税收政策对水能、生物质能、风能、太阳能、地热能和海洋能等可再生能源的开发利用予以支持，对可再生能源技术研发、设备制造等给予适当的企业所得税优惠。

6. 加快技术进步及产业发展

整合现有可再生能源技术资源，完善技术和产业服务体系，加快人才培养，全面提高可再生能源技术创新能力和服务水平，促进可再生能源技术进步和产业发展。将可再生能源的科学研究、技术开发及产业化纳入国家各类科技发展规划，在高技术产业化和重大装备扶持项目中安排可再生能源专项，支持国内研究机构和企业在可再生能源核心技术方面提高创新能力，在引进国外先进技术基础上，加强消化吸收和再创造，尽快形成自主创新能力。力争到2010年基本形成可再生能源技术和产业体系，形成以国内制造设备为主的装备能力。到2020年，建立起完善的可再生能源技术和产业体系，形成以自有知识产权为主的可再生能源装备能力，满足可再生能源大规模开发利用的需要。

可再生能源发展专项资金管理暂行办法

第一条　为规范和加强可再生能源发展专项资金管理，提高资金使用效益，根据《中华人民共和国预算法》、《中华人民共和国可再生能源法》等有关法律法规规定，制定本办法。

第二条　可再生能源发展专项资金，是指通过中央财政预算安排，用于支持可再生能源和新能源开发利用的专项资金。

第三条　可再生能源发展专项资金实行专款专用，专项管理。

第四条　可再生能源发展专项资金由财政部会同有关部门管理。

第五条　财政部主要职责如下：

（一）会同相关部门制定可再生能源发展专项资金管理制度以及相关配套文件；

（二）负责可再生能源发展专项资金预算编制和下达；

（三）监督检查资金使用情况，组织开展绩效评价。

第六条　国务院有关部门主要职责如下：

（一）按照有关法律规定，制定可再生能源和新能源相关行业工作方案；

（二）会同财政部门组织实施可再生能源和新能源开发利用工作；

（三）负责监督检查可再生能源和新能源开发利用工作执行及完成情况。

第七条　地方财政和相关主管部门主要职责如下：

（一）落实地方扶持政策措施及应承担的专项资金，制定具体操作规程；

（二）组织可再生能源发展专项资金申报，核实并提供相关材料；

（三）按规定管理可再生能源发展专项资金，对相关工作实施、任务完成以及资金使用情况进行监督检查。

第八条　可再生能源发展专项资金重点支持范围：

（一）可再生能源和新能源重点关键技术示范推广和产业化示范；

（二）可再生能源和新能源规模化开发利用及能力建设；

（三）可再生能源和新能源公共平台建设；

（四）可再生能源、新能源等综合应用示范；

（五）其他经国务院批准的有关事项。

第九条　由财政部会同有关部门组织地方和中央部门申请可再生能源发展专项资金，具体办法另行制定。

第十条　可再生能源发展专项资金根据项目任务、特点等情况采用奖励、补助、贴息等方式支持并下达地方或纳入中央部门预算。

第十一条　资金分配结合可再生能源和新能源相关工作性质、目标、投资成本以及能源资源综合利用水平等因素，主要采用竞争性分配、因素法分配和据实结算等方式。对据实结算项目，主要采用先预拨、后清算的资金拨付方式。

第十二条　项目实施过程中，因实施环境和条件发生重大变化需要调整时，应按规定程序上报财政部和有关部门，经批准后执行。

第十三条　资金支付应按照国库集中支付制度有关规定执行。涉及政府采购的，应按照政府采购有关法律制度规定执行。

第十四条　省级财政部门会同有关部门按照职责分工，将本年度可再生能源发展专项资金安排使用及其项目实施情况及时报财政部和有关部门备案。

第十五条　财政部会同有关部门对可再生能源发展专项资金使用情况进行监督检查和绩效考评。

第十六条　任何单位或个人不得截留、挪用可再生能源发展专项资金。对违反规定，骗取、截留、挪用可再生能源发展专项资金的，依照《财政违法行为处罚处分条例》等国家有关规定进行处理。涉嫌犯罪的，依法移送司法机关处理。

第十七条　本办法由财政部商有关部门按职责分工负责解释。

第十八条　本办法自发布之日起施行。《财政部关于印发〈可再生能源发展专项资金管理暂行办法〉的通知》（财建〔2006〕237号）、《财政部关于印发〈生物能源和生物化工非粮引导奖励资金管理暂行办法〉的通知》（财建〔2007〕282号）、《财政部关于印发〈生物能源和生物化工原料基地补助资金管理暂行办法〉的通知》（财建〔2007〕435号）、《财政部关于印发〈生物燃料乙醇弹性补贴财政财务管理办法〉的通知》（财建〔2007〕724号）、《财政部关于印发〈秸秆能源化利用补助资金暂行办法〉的通知》（财建〔2008〕735号）、《财政部关于印发〈太阳能光电建筑应用财政补助资金管理暂行办法〉的通知》（财建〔2009〕129 号）、《财政部　科技部　国家能源局关于实施金太阳示范工程的通知》（财建〔2009〕397 号）、《财政部　国家能源局　农业部关于印发〈绿色能源示范县建设补助资金管理暂行办法〉的通知》（财建〔2011〕113 号）同时废止。

参考文献

［1］陈锡文．加快推进农业供给侧结构性改革　促进我国农业转型升级［J］．农村工作通讯，2016（12）．

［2］施维，董文龙．新阶段"三农"工作新主线［N］．农民日报，2017．

［3］罗春雄．吹响农业供给侧改革新号角［N］．广西日报，2016．

［4］蓝锋．紧扣农业供给侧结构性改革主线　开创广西农业农村工作新局面［N］．广西日报，2017．

［5］祝卫东．关于推进农业供给侧结构性改革的几个问题［J］．行政管理改革，2016（7）．

［6］陈锡文．牢牢把握当前农业政策改革的主要方向——关于加快推进农业供给侧结构性改革［J］．中国粮食经济，2017（1）．

［7］李慧．农业供给侧结构性改革如何改［N］．光明日报．2017．

［8］卓尚进．坚定不移深入推进农业供给侧结构性改革［N］．金融时报，2017．

［9］余欣荣．调整优化粮食结构　引领农业供给侧结构性改革［N］．中国经济报告，2016．

［10］张晴丹．木薯产业："两条腿"才能走更远［N］．粮油市场报，2017．

［11］王远华．农业供给侧改革进行时［J］．农经，2016（3）．

［12］邹进泰．以农业供给侧改革促进湖北农业强省建设［J］．政策，2016（8）．

［13］张卫．加强农业供给侧改革　确保"舌尖上的优质"［J］．中国食品，2016（1）．

［14］陈立胜，潘瑞坚．木薯酒精产业的社会效益和经济效益分析［J］．广西轻工业，2007（1）：24－25．

［15］何晶．广西木薯产业发展研究［D］．南宁：广西大学，2012．

［16］翁瑞玲．泰国木薯与其制品在国际市场的竞争力研究［D］．上海：华东师范大学，2015．

［17］李维胜．广西木薯产业专利态势分析报告［M］．北京：经济科学出版社，2014．

［18］朱卫未，张茂洪．基于SCP范式的物联网服务业态演化新趋势分析［J］．江苏科技信息，2014（22）．

［19］申夫臣，侯合银．基于SCP范式的我国科技企业孵化器产业发展分析［J］．科技进步与对策，2010（8）．

［20］文玉萍．我国木薯产业的发展趋势与市场分析［J］．热带农业科学，2014（5）．

［21］黄建祺．广西木薯种植区气候区划研究［D］．南宁：广西大学，2015．

［22］田宜水，孙丽英，孟海波，姚宗路．中国木薯燃料乙醇原料供需现状和预测［J］．农业现代化研究，2011（3）：340－343．

［23］国家概况—中华人民共和国外交部［EB/OL］．http：//www. fmprc. gov. cn/web/gjhdq_ 676201/gj_ 676203/yz_ 676205/1206_ 676932/1206x0_ 676934/．

［24］濮文辉．泰国木薯产业发展近况［J］．热带农业工程，2016（4）：53－54．

［25］越南木薯及制品出口对华依赖较大［EB/OL］．http：//www. mofcom. gov. cn/article/i/jyjl/j/201501/20150100873033. shtml．

［26］郭婵娥．扩大中泰木薯产品贸易的对策研究［D］．杭州：浙江大学，2016．

［27］文玉萍．泰国木薯种植及淀粉加工行业考察报告［J］，市场论坛，

2004（10）：39－41.

［28］Thailand China Economic Information－泰国木薯出口表现优于预估［EB/OL］．http：//203.146.18.33/Home/TotalNews/newsthai/2009－GDP－target－improved－（3690）.aspx？lang＝zh－CN.

［29］梁海波，黄洁，安飞飞，魏云霞．中国木薯产业现状分析［J］．江西农业学报，2016，28（6）：22－26.

［30］古碧，李开绵，张振文等．我国木薯加工产业发展现状及发展趋势［J］．农业工程技术·农产品加工业，2013（11）：25－31.

［31］罗明智．南宁市木薯产业化现状与发展对策研究［D］．南宁：广西大学，2016.

［32］邹进泰．农业大省必须注重农业供给侧结构性改革［J］．学习月刊，2016（4）.

［33］张丽丽．广西木薯酒精产业现状与发展对策研究［D］．南宁：广西大学，2014.

［34］张慧坚，刘恩平，刘海清，李光辉，王少青．广西木薯产业发展现状与对策［J］．广东农业科学，2012（3）.

［35］姬卿，王文泉，李兆贵，闵义．木薯高效栽培技术的现状和发展建议［J］．作物杂志，2014（3）.

［36］罗兴录，樊吴静．广西木薯产业提升制约因素与对策［J］．农学学报，2015（8）.

［37］田亮，李清林，郭娟，段永超，王健．低碳经济视角下木薯燃料乙醇产业发展对策——以广西武鸣县为例［J］．江西农业大学学报（社会科学版），2012（3）.

［38］谢铭，李肖．广西木薯生物燃料乙醇产业发展分析［J］．江苏农业科学，2010（6）.

［39］范英，吴方卫，张锦华．经济持续增长和能源安全背景下液态生物质燃料的发展研究——基于燃料乙醇弥补汽油缺口的视角［J］．农业技术经济，2012（8）.

［40］唐正星．基于交易对称度的市场结构测度方法改进与实证分析［J］.

中国农业大学学报（社会科学版），2009（12）.

［41］郭玮．着力构建现代农业产业体系、生产体系、经营体系［J］．中国合作经济，2016（2）.

［42］郭玮．以供给侧结构性改革为主线加快农业农村发展［J］．中国发展观察，2017（2）.

［43］卿军，罗永端，何玲．加快转变农业发展方式　推进广西现代农业发展［J］．广西农学报，2011（8）.

［44］伍薇，柯佑鹏．中国木薯产业发展现状及前景展望［J］．中国热带农业，2011（6）.

［45］李慈军．试论广西木薯产业发展的战略选择［J］．广西经济，2013（6）.

［46］胡小婵，张慧坚，李琼，麦雄俊，曾安逸．国外主要热带作物近期科研研究进展——基于 SCI－E 及 EI［J］．中国热带农业，2015（2）.

［47］邓祥丽．雅禾集团木薯业务竞争策略研究［D］．济南：山东大学，2009.